Un impôt juste,
c’est possible !

PIERRE-ALAIN MUET

Un impôt juste, c'est possible !

ÉDITIONS DU SEUIL
25, bd Romain-Rolland, Paris XIVe

Ce livre est édité sous la direction de Christian Chavagneux.

ISBN : 978-2-02-139060-5

www.seuil.com

Introduction

Au moment où le terme « réforme structurelle » est devenu l'alpha et l'oméga du discours politique, il est une réforme oubliée en chemin qui reste d'une cruelle actualité : celle de l'imposition des revenus. Conçu lors de la Première Guerre mondiale, modifié après la Seconde, puis en 1959, l'impôt sur le revenu (IR) proprement dit n'a fait l'objet d'aucune réforme d'ensemble depuis, alors même que la société française s'est profondément transformée. Complexifié par l'accumulation de bricolages, mité par la multiplication des niches fiscales, figé dans la conception familiale de l'immédiat après-guerre, il est resté aveugle aux changements concernant la société ou l'activité.

Avec la création puis la montée en charge de la CSG et la réduction quasi continue de l'impôt sur le revenu jusqu'à ces dernières années, notre imposition des revenus – constituée de deux impôts profondément différents, l'IR et la CSG – est devenue atypique dans le paysage européen. Commençant à un taux moyen très élevé – le taux de la CSG – qui pèse fortement sur la moitié la plus modeste de nos concitoyens, elle n'est progressive que pour l'autre moitié, confortant l'idée fausse que seule la moitié des Français paieraient un impôt sur le revenu.

C'est en devenant – tardivement – député que j'ai mesuré la complexité, parfois volontairement entretenue, des questions fiscales, éloignant de plus en plus le citoyen de ce qui fut l'acte fondateur de nos démocraties modernes : le consentement à l'impôt.

Car dans l'histoire de nos démocraties – en Angleterre, aux États-Unis, en France – la naissance des Parlements a été étroitement liée à celle de l'impôt moderne. Et l'acte qui, aujourd'hui encore, exprime dans tous les pays le pouvoir délégué par les citoyens à leurs représentants est le vote de l'article qui autorise le gouvernement à lever l'impôt, un consentement solennellement consacré par l'article 14 de la Déclaration des droits de l'homme et du citoyen.

Or, comment évoquer ce lien entre citoyenneté et impôt, quand ce dernier est incompréhensible pour une grande partie de nos concitoyens et qu'à l'approche de la déclaration des revenus les seuls exercices proposés au contribuable sont la multiplication des courriels l'invitant à défiscaliser.

Si notre système est devenu aussi complexe, c'est parce que les questions fiscales sont trop souvent abordées de façon partielle, sans prendre en compte l'impact d'une réforme sur l'architecture globale des prélèvements. Comment peut-on juger de l'équité ou de l'efficacité d'une mesure particulière sans avoir une vue d'ensemble du système fiscal et social ? Faute de cette vision globale, les meilleures intentions peuvent aboutir au pire des résultats. C'est la raison pour laquelle je plaide depuis longtemps pour une réforme globale et durable, longuement étudiée et débattue, comme l'ont été en leur temps les grandes réformes du passé évoquées dans cet ouvrage.

Au cours de mes dix années d'activité parlementaire, j'ai participé à tous les combats de la gauche pour réformer un système fiscal à bout de souffle, complexe, illisible, dont nos concitoyens ne sont convaincus ni de sa justice, ni de son efficacité. Ayant accompagné François Hollande quand il prônait la révolution fiscale, puis tenté avec Jean-Marc Ayrault de relancer la réforme quand le président l'abandonnait, je tire dans cet ouvrage les leçons d'un quinquennat décevant et d'une nouvelle présidence jusqu'à présent peu préoccupée de justice fiscale, mais aussi celles de la longue histoire de notre imposition des revenus, pour proposer une réforme simple diminuant l'impôt des plus modestes sans augmenter celui de quiconque.

Le survivant de la réforme oubliée, le prélèvement à la source, verra le jour en janvier 2019. Il pourrait être l'occasion de reprendre ce chantier pour construire une imposition des revenus plus simple, plus claire, plus juste, intégrant le socle d'une protection sociale adaptée au XXIe siècle : le revenu universel.

Chapitre 1

Emmanuel Macron : le retour de l'économie du ruissellement

Bercy, mardi 30 août 2016. Pendant que le président François Hollande prononce son discours annuel sur la politique étrangère de la France, le ministre de l'Économie Emmanuel Macron annonce dans une conférence de presse qu'il vient de donner au président de la République sa démission du gouvernement Valls où il a siégé deux ans. Si certains s'interrogent sur l'avenir de l'ex-ministre de l'Économie, si le président dit croire en sa loyauté, le fin observateur de la vie politique qu'est le journaliste Olivier Mazerolle affirmera que l'on a rarement entendu de phrases aussi féroces que celles prononcées ce jour-là. Le ministre, qui n'a pas été « autorisé » à conduire les réformes nécessaires, dénonce « l'impuissance » d'une action politique plus préoccupée de ses « propres soubresauts » que de « l'intérêt général », avant de faire l'éloge funèbre d'un président à qui « les Français rendront justice » et d'annoncer en conclusion qu'il est « déterminé à tout faire [...] pour transformer la France dès l'année prochaine ».

Et « l'homme seul » que décrivait François Hollande lors du départ de son ministre de l'Économie va profiter d'une conjonction des astres assez exceptionnelle. François Fillon, qui surgit au dernier moment en battant les deux favoris de la primaire de droite, explose en vol quelques semaines plus tard ; François

Hollande, qui se préparait contre vents et marées à se présenter à la primaire de gauche, se décrédibilise un peu plus avec un ouvrage de confession inimaginable et abandonne ; Manuel Valls disparaît dans la primaire de gauche et le candidat socialiste Benoît Hamon est distancé par la France insoumise de Jean-Luc Mélenchon. Et bien que le candidat Emmanuel Macron ait été très largement l'inspirateur de la politique économique de François Hollande, il réussira à symboliser la rupture avec le quinquennat écoulé, comme l'avait fait avant lui Nicolas Sarkozy vis-à-vis de Jacques Chirac.

Marqué par le discrédit du quinquennat précédent, Macron fait de la fidélité aux engagements pris durant la campagne le fil conducteur d'une politique « et de droite et de gauche », mais penchant en réalité fortement à droite dans le domaine économique. C'est ainsi que la modernisation libérale sera assumée sans complexe par le nouveau président.

Budget 2018 : un chèque en blanc aux grandes fortunes

La première loi de finances d'un quinquennat a toujours un caractère particulier : elle est en général la traduction des engagements du président nouvellement élu et colore la suite du quinquennat. Le paquet fiscal de l'été 2007 et le premier budget de Nicolas Sarkozy illustraient l'économie du ruissellement, multipliant les cadeaux fiscaux aux plus fortunés, jusqu'à ce que cette politique s'écrase sur le mur de la crise. Le budget de François Hollande pour 2013 introduisait certains éléments de justice fiscale. Mais la multiplication des prélèvements pour boucler un budget censé respecter la règle des 3 % aboutit au « ras-le-bol fiscal » conduisant le président Hollande à abandonner toute réforme significative de l'impôt sur le revenu. Le projet de loi de finances pour 2018 reprend les principales propositions du candidat Macron en étalant certaines mesures pour respecter la contrainte budgétaire. Le résultat est un premier budget au parfum de 2007 : les grands gagnants sont clairement les plus fortunés de nos concitoyens et même la petite minorité des plus grandes fortunes de France.

Les baisses d'impôts concernent d'abord les plus riches : quasi-suppression de l'ISF (3,2 milliards) et «*flat tax*», un prélèvement forfaitaire unique de 30 % sur les revenus de l'épargne (1,3 milliard), interviennent dès le 1er janvier 2018. Idem pour les hausses d'impôts qui touchent tout le monde : augmentation de la CSG, du tabac et des carburants. La suppression de la taxe d'habitation pour 80 % des contribuables est étalée sur trois ans et sa suppression totale prévue pour 2021. La baisse des cotisations salariales s'est faite en deux temps (janvier et octobre). Les hausses du minimum vieillesse, de la prime d'activité, du complément de mode de garde des familles monoparentales sont décalées en cours d'année ou même en fin d'année pour l'allocation aux adultes handicapés. On est très loin du prétendu treizième mois évoqué par le ministre du Budget Gérald Darmanin...

Surtout, plus de la moitié des 7 milliards de baisse nette d'impôts prévus pour 2018 concernent les 2 % de nos concitoyens les plus riches. L'autre moitié bénéficie un peu aux autres, mais l'impact en sera effacé par l'augmentation des prix des carburants et du tabac. Quant à la grande majorité des retraités, ils subissent de plein fouet la hausse de la CSG. La fiscalité des entreprises change peu : la baisse de l'impôt sur les sociétés était déjà votée dans le quinquennat précédent et le CICE est légèrement diminué avant d'être transformé en allégement de cotisations l'année suivante.

Emmanuel Macron est l'héritier direct de la pensée qui imprègne la révolution numérique : rien ne doit entraver l'individu dans son désir de créer et d'innover. Comme le rappelle Francis Brochet dans son ouvrage *Démocratie smartphone*[1], « les Français ont élu un patron de start-up [...] qui a monté sa petite entreprise et l'a développée en un temps record grâce à quelques idées disruptives » et son modèle est l'économie du Net. « L'économie du Net est une économie de superstars, il faut des jeunes Français qui aient envie de devenir millionnaires », répondait en janvier 2015 le ministre de l'Économie aux questions portant sur l'économie française lors du Consumer Electronic Show de Las Vegas.

Mieux que Sarkozy !

Depuis l'abrogation de l'Impôt sur les grandes fortunes (IGF) par Jacques Chirac en 1986, aucun gouvernement de droite n'avait osé s'attaquer ouvertement à l'ISF. Convaincu que cette abrogation lui avait fait perdre la présidentielle de 1988, Jacques Chirac se garda bien de le supprimer quand il revint au pouvoir en 1995. En 2006, Dominique de Villepin introduisit un bouclier fiscal, un prélèvement maximal, de 60 % du revenu pour en réduire l'impact. Et quand Nicolas Sarkozy fit passer ce bouclier à 50 % en 2007, il porta comme un boulet tout au long de son mandat ce chèque de 700 millions d'euros aux plus grandes fortunes, jusqu'à sa suppression en 2011 et son remplacement par une réduction de 1,8 milliard de l'ISF. Cette fois, le chèque n'est ni de 700 millions ni de 1,8 milliard, mais de 3,2 milliards auxquels s'ajoute le 1,3 milliard de la *flat tax* sur les revenus de l'épargne. Deux réformes que le candidat Macron avait présen-

1. Francis Brochet, *Démocratie smartphone, Le populisme numérique de Trump à Macron*, Paris, Éditions François Bourin, 2018.

tées dans sa campagne comme un réaménagement à coût modeste (ou nul pour la seconde) de la fiscalité du capital.

La transformation d'un ISF de 4,2 milliards en un impôt sur le seul patrimoine immobilier de moins de 1 milliard d'euros bénéficie essentiellement aux plus grosses fortunes. En effet, plus le patrimoine est important, plus les placements financiers en constituent la plus grande part. L'étude de Bertrand Garbinti, Jonathan Goupille-Lebret et Thomas Piketty [1] montre que le patrimoine de nos concitoyens les plus modestes est constitué essentiellement de dépôts bancaires, que l'immobilier constitue la part la plus importante du patrimoine des classes moyennes alors que les très gros patrimoines sont essentiellement constitués de placements financiers. Ces placements financiers représentent la moitié du patrimoine des 10 % les plus riches, 65 % du patrimoine des 1 % les plus riches et 85 % des 0,1 % les plus gros détenteurs de patrimoine.

En supprimant l'ISF au profit d'un impôt sur la fortune immobilière, le retraité de l'île de Noirmoutier continuera à payer le nouvel impôt, alors que le détenteur d'un gros portefeuille d'actions, qui lui permet de s'enrichir en dormant, en sera exonéré. Pire : les yachts, les métaux précieux, les voitures de luxe échappent au nouvel impôt. Pour éviter que ces symboles accentuent encore le qualificatif de « président des riches » qui commençait à ressortir de la réforme fiscale, des amendements émanant du groupe majoritaire à l'Assemblée ont alourdi la taxation sur les signes extérieurs de richesse, augmentant les droits sur les yachts de luxe, la taxe forfaitaire sur la cession des objets et métaux précieux et créant une taxe additionnelle sur les

1. « Income Inequality in France, 1900-2014: Evidence from Distributional National Accounts (DINA) », World Wealth and Income Database, Working Paper, avril 2017 (en ligne).

immatriculations de voitures de sport et de luxe. Des broutilles en termes de montants.

Le retour de l'idéologie du ruissellement

Cette suppression de l'ISF favorisera-t-elle l'investissement comme le prétend le président ? Aucune étude ne permet de le penser. Rien n'empêchera le patrimoine économisé d'être investi en actions étrangères ou en actifs rentables mais peu risqués. Cela pourrait même avoir l'effet inverse avec la disparition du dispositif ISF-PME qui permettait de bénéficier d'une réduction d'ISF égale à la moitié de la somme investie dans une PME. Les 500 millions d'euros qui allaient ainsi chaque année par ce dispositif en direction de ces entreprises risquent de se tarir au profit de placements moins risqués.

Ce retour de l'idéologie du ruissellement, qui prétend que la meilleure façon d'aider les pauvres est d'accorder des cadeaux fiscaux aux riches pour que la richesse ruisselle jusqu'au bas de l'échelle des revenus, n'a pas plus de chance de réussir que les expériences précédentes, dont le seul résultat avéré a été une explosion des inégalités.

Le prélèvement forfaitaire unique sur les revenus du capital, qui prend l'exact contrepied de la réforme Hollande de 2012 dont le « chef économiste » s'appelait Emmanuel Macron, est également un cadeau aux plus riches. Remplacer les différents prélèvements y compris sociaux par une *flat tax* unique de 30 % va conduire à une forte baisse de la fiscalité sur les revenus financiers. Avec des prélèvements sociaux sur les revenus de l'épargne qui passeront de 15,5 à 17,2 % avec la hausse de la CSG, le taux de l'impôt sur ces revenus ne dépassera pas 12,8 % (30 % moins 17,2 %). C'est une mesure d'autant plus injuste qu'elle va toucher les nouveaux contrats de plans d'épargne logement. Quand un contribuable modeste ouvre un PEL, c'est pour acheter un logement et non pour prendre des risques en Bourse. Les gouvernements précédents – de gauche ou de droite – avaient toujours préservé l'épargne populaire.

Suppression des emplois aidés : une injustice et une erreur économique

Du côté des dépenses, la suppression d'une grande partie des emplois aidés, jamais annoncée par le candidat dans la campagne présidentielle, est à la fois une injustice et une erreur économique. Non seulement les emplois aidés sont un tremplin vers l'emploi durable, notamment pour les jeunes, mais, bien utilisés dans le cycle conjoncturel, ils contribuent à réamorcer le cercle vertueux « emploi-revenu-croissance ». La création directe d'emplois dans le secteur non marchand, quelle qu'en soit la forme (emplois-jeunes sous Jospin, emplois aidés en 2006 sous Borloo ou emplois d'avenir sous Ayrault), est la mesure la plus appropriée pour relancer l'économie, car, en augmentant le revenu du salarié qui retrouve ou qui trouve un emploi, elle soutient l'économie. La création d'emplois est en effet le principal facteur d'augmentation du revenu et c'est de très loin la mesure qui a l'impact le plus rapide sur l'activité.

Les supprimer met aussi en grande difficulté les collectivités locales. Or la réduction du déficit des finances publiques ne résulte pas d'un effort de l'État dont le déficit se creuse de 76,5 milliards en 2017 à 82,9 en 2018, mais des multiples efforts imposés aux collectivités locales et aux comptes sociaux. Sans même parler des difficultés rencontrées par les associations, privées d'une ressource importante pour leur fonctionnement.

Bref, le premier budget d'un président qui prônait dans sa campagne une politique de droite et de gauche est clairement de droite et de droite.

La prime d'activité

Et pour les plus pauvres ? Dès 2016, l'ouverture automatique des droits à la nouvelle prime d'activité remplaçant le RSA activité et la prime pour l'emploi – des compléments de revenus pour les salariés touchant peu – et la mise en place de démarches allégées et de procédures dématérialisées ont fortement réduit le taux de non-recours qui affectait le RSA activité. Alors que la loi de finances créant la prime d'activité prévoyait que le dispositif n'atteindrait que 50 % de son public potentiel, le taux de recours s'est élevé à 70 % en 2016 et les deux tiers des foyers bénéficiaires se situent dans les 30 % de revenu les plus faibles.

Dans la campagne présidentielle, Emmanuel Macron s'est engagé à augmenter de 100 € le revenu mensuel des salariés modestes en augmentant de 50 % la prime d'activité. Le gouvernement a commencé à avancer dans cette voie à l'automne 2018 et a promis de poursuivre dans les années qui viennent.

Il est dommage que le président, si attaché aux réformes structurelles, ne se soit pas penché plus longuement dans son programme présidentiel sur les injustices et les incohérences entre la fiscalité des ménages et les minima sociaux. Car la conception familiale de la prime d'activité – héritée du RSA – selon laquelle le conjoint ne compte que pour une demi-part et non une part aboutit à ce résultat étonnant que deux salariés percevant chacun un revenu égal à 1,1 Smic touchent une prime d'activité conséquente s'ils restent célibataires et bénéficieront donc pleinement de l'augmentation promise, mais ils ne touchent plus rien s'ils se marient. Ce n'est qu'une des incohérences d'un système fiscal et d'une protection sociale qui se sont développés de façon indépendante et cela montre l'urgence d'une réforme assise sur une réflexion globale que nous évoquions en introduction.

Parallèlement, pour lutter contre le non-recours aux différentes aides sociales réservées aux plus pauvres, le projet d'Emmanuel Macron prévoyait la création d'un versement unique de l'ensemble des prestations sociales (RSA, aide au logement, prime d'activité), le même jour du mois. Un objectif qui devrait être mis en œuvre en 2019.

Deux opportunités pour relancer la réforme fiscale

Deux réformes structurelles peuvent cependant changer les choses à long terme. La première est le prélèvement à la source de l'impôt sur le revenu à partir du 1er janvier 2019. Même si la réforme se contente de reproduire un prélèvement à la source « à l'ancienne » en retenant pour le taux de prélèvement celui des années précédentes issu des déclarations au lieu du taux quasi instantané que permet l'évolution de la collecte informatique mensuelle des revenus, elle aura au moins le mérite d'exister. Elle peut être progressivement améliorée, ouvrant la voie à d'autres avancées, comme nous le verrons plus tard.

Pendant la campagne présidentielle, Emmanuel Macron avait promis d'ouvrir aux couples mariés ou pacsés le choix entre une imposition individuelle ou conjointe. Cette mesure a été inscrite dans le programme quinquennal du gouvernement pour un coût évalué à 1,3 milliard. Si la réforme est réalisée pendant le mandat, elle constituera également une avancée importante sur la voie d'une modernisation de l'impôt, c'est un enjeu important, nous y reviendrons.

Si ces deux évolutions vont dans le bon sens, elles ne représentent pas un enjeu de réforme de l'impôt sur le revenu pour le nouveau président, principalement intéressé aujourd'hui à diminuer l'imposition des plus riches. La France reste donc avec son système d'impôt sur le revenu archaïque. Alors même que son prédécesseur, François Hollande, avait fait de sa transformation une orientation phare de sa campagne. Malheureusement, la promesse n'a pas été tenue. Cette réforme était pourtant tout à fait possible, si le président Hollande s'en était tenu à son programme.

Chapitre 2

François Hollande : ça avait pourtant bien commencé

Le 15 mai 2011 au petit matin, la France découvre sidérée l'arrestation la veille à New York de Dominique Strauss-Kahn, alors favori des sondages à la présidentielle de 2012. La primaire du PS s'en trouve brutalement bouleversée. Martine Aubry, qui se préparait à soutenir DSK, attendra longtemps avant de se résoudre à se présenter. François Hollande, candidat depuis son départ du secrétariat national du PS en 2008, voit soudain l'horizon s'éclaircir. Chaussant progressivement les bottes de l'ancien favori, il remportera la primaire puis la présidentielle.

C'est à Périgueux dans une indifférence quasi générale, en octobre 2009, qu'il a détaillé la « grande réforme » de l'imposition des revenus qui restera le cœur de sa campagne présidentielle. Son discours sur « Une réforme fiscale pour une France plus juste et plus forte »[1], quelque peu oublié par la suite, serait resté un moment fondateur du quinquennat si le projet avait été réalisé au pouvoir.

Après avoir rappelé combien il était difficile dans une campagne électorale d'évoquer la fiscalité – sauf pour la baisser ! –, le futur président justifie le choix de mettre la question fiscale

1. « Une réforme fiscale pour une France plus juste et plus forte », discours de François Hollande, Périgueux, 17 octobre 2009, association Répondre à Gauche.

au cœur de son programme présidentiel par deux raisons. La première est l'ampleur des déficits qui a pour conséquence que « la question n'est pas de savoir si on va augmenter les impôts ou pas, mais de savoir quels prélèvements vont augmenter et qui va les payer ».

La deuxième raison est « l'amplification des inégalités en raison d'un mouvement continu d'affaiblissement de l'impôt sur le revenu… les taux supérieurs ont été abaissés, le bouclier fiscal permet aux plus hauts revenus d'échapper à toute contribution supplémentaire […] 450 niches fiscales atteignant 70 milliards d'euros atténuent le rendement de l'impôt si bien que la CSG rapporte désormais d'avantage que l'IR ».

Face à ce constat, il propose une réforme radicale :

– tous les revenus doivent être soumis à l'impôt de la même manière et avec les mêmes taux, qu'ils proviennent du capital, du travail ou des transferts ;

– toutes les déductions, exonérations, et niches fiscales seraient supprimées et éventuellement remplacées par des subventions ou des allocations car « en aucune manière l'intervention publique ne doit relever d'une réduction de l'assiette ou de l'impôt lui-même » ;

– il n'y aurait plus qu'une seule imposition : CSG, impôt sur le revenu et prime pour l'emploi seraient fusionnés et le prélèvement à la source généralisé ;

– quant à la taxe d'habitation, elle deviendrait un impôt additionnel à l'impôt sur le revenu.

Si cette réforme avait été mise en œuvre, François Hollande serait resté dans l'histoire comme le nouveau Joseph Caillaux, celui qui a instauré l'impôt sur le revenu en France (cf. *infra*) tant le changement était radical. Mais ces bonnes intentions se sont effritées, déjà, au cours de la campagne. Et encore plus au pouvoir.

Les premières mesures vont dans le bon sens

Le premier collectif budgétaire de Hollande président, celui de juillet 2012, apportait quatre corrections majeures à la politique budgétaire et fiscale de l'ancien gouvernement. Il supprimait la TVA sociale votée en mars 2012 qui devait entrer en vigueur en octobre 2012. Il rétablissait l'ISF, réformait les allégements sur les droits de succession, et supprimait la défiscalisation des heures supplémentaires. Il corrigeait en outre la dérive du déficit pour 2012 soulignée par la Cour des comptes dans son audit de juillet qui indiquait une sous-estimation des recettes comprises entre 3 et 7 milliards d'euros et une dérive des dépenses de 2 milliards par rapport à la loi de finances initiale.

La défiscalisation des heures supplémentaires et l'allégement des droits de succession avaient été deux composantes de la loi emblématique « en faveur du travail, de l'emploi et du pouvoir d'achat », dite « loi TEPA », qui caractérisa le début du mandat de Nicolas Sarkozy. Ce paquet fiscal de l'été 2007 illustrait ce que l'on baptisa dans les années 1980, à la suite des politiques de Reagan et Thatcher, « l'économie du ruissellement » selon laquelle en déversant des cadeaux fiscaux sur les plus riches, l'économie allait s'en trouver stimulée, ce qui engendrerait plus de croissance et de rentrées fiscales et la richesse finirait par ruisseler jusqu'au bas de l'échelle des revenus. Le ruissellement ne s'est pas plus produit dans les années Sarkozy que dans les années Thatcher. Le terme est redevenu d'actualité avec les premières mesures fiscales d'Emmanuel Macron, avec des effets tout aussi discutables.

La nécessité de réduire les déficits à partir de 2010 et de corriger les injustices les plus criantes avait d'ailleurs conduit Nicolas Sarkozy à supprimer ou à corriger lui-même un certain nombre de mesures de la loi TEPA. Ce fut le cas notamment de la déduction des intérêts d'emprunt immobilier qui fut supprimée deux ans plus tard. Ce fut le cas de la mesure la plus spectaculaire, le bouclier fiscal, qui limitait à 50 % du revenu imposable tous les impôts directs sur les ménages y compris la CSG. L'abaissement à 50 % du bouclier fiscal créé par le gouvernement de Dominique de Villepin avait pour but, affirmait le candidat Sarkozy pendant sa campagne, « d'éviter de travailler plus d'un jour sur deux pour l'État ». En réalité, il était impossible avec les seuls revenus du travail d'atteindre la limite du bouclier fiscal, il fallait nécessairement détenir des revenus du capital ou être imposable à l'ISF pour en bénéficier.

Le côté le plus choquant du bouclier fiscal est qu'il rapportait l'ensemble des impôts directs – IR, CSG, impôts locaux – non pas au revenu réel du contribuable, mais au revenu imposable diminué de tous les dispositifs permettant de réduire ce revenu imposable (niches fiscales réduisant l'assiette de l'impôt). De sorte qu'un contribuable très fortuné utilisant habilement les niches et le bouclier pouvait arriver à ne payer ni impôt sur le revenu ni ISF ! La découverte de cas choquants, conjuguée au fait qu'en cas de hausse d'impôt les seuls qui en seraient exonérés seraient les bénéficiaires du bouclier, a fini par transformer ce bouclier en boulet pour la majorité.

Après avoir traîné ce boulet pendant quatre ans au fil des révélations des chèques remis à ses bénéficiaires au titre des restitutions du bouclier (en 2010, le chèque de 30 millions à Mme Bettencourt en toute légalité fit grand bruit), il fut supprimé en même temps que le président Sarkozy réduisait comme une peau de chagrin l'ISF. Le bouclier fiscal coûtait 680 millions, l'ISF représentait 4,1 milliards d'euros. La réforme de 2011, qui le réduisait de moitié (suppression de la première tranche et abaissement des autres tranches), était un cadeau supplémentaire aux plus fortunés, mais moins voyant que le bouclier fiscal.

Le rétablissement de l'ISF

François Hollande s'était engagé dans la campagne présidentielle à rétablir l'ISF antérieur à la réforme de 2011. Comme il n'était pas possible de le rétablir pour l'année en cours, puisque l'impôt dû au titre de l'année 2012 avait été déjà en partie déclaré et payé, la loi de finances rectificative de juillet 2012 institua une contribution exceptionnelle sur la fortune, de sorte que l'ensemble de l'ISF acquitté soit égal à celui qui aurait prévalu sans la réforme Sarkozy de 2011. Un seul point était conservé : le seuil d'entrée dans l'ISF restait de 1,3 million d'euros au lieu des 800 millions antérieurs et un système de décote lissait l'entrée dans l'impôt. Pour les années suivantes, le projet de loi de finances pour 2013 rétablissait l'ISF antérieur tout en conservant le seuil d'entrée de 1,3 million.

Du côté des droits de succession, la loi TEPA de 2007 avait supprimé ces droits pour le conjoint survivant (90 % des successions entre conjoints étaient déjà exonérés avant la loi) et fait passer l'abattement sur les successions (qui s'applique aussi aux donations) en ligne directe de 50 000 à 150 000 €. Les donations pouvaient être renouvelées tous les 6 ans au lieu de 10 ans antérieurement. En faisant plus que tripler les abattements sur les donations et en permettant de renouveler celles-ci tous les 6 ans, la loi TEPA permettait aux contribuables les plus aisés et les mieux informés de transmettre en totale franchise de droit jusqu'à 1,5 million d'euros de patrimoine, comme l'illustra l'exemple d'un couple avec deux enfants présenté par le rapporteur général du budget Gilles Carrez.

L'impôt sur les successions joue un rôle important dans la réduction des inégalités. Plus un héritage est important, plus il est le fruit non pas « du labeur de toute une vie de travail », mais d'une accumulation réalisée sur plusieurs générations. Supprimer la plus grande partie des droits de succession comme le fit la loi TEPA, c'était conforter les inégalités de naissance. La nécessité de réduire les déficits avait conduit le gouvernement Fillon à porter de nouveau de 6 à 10 ans le renouvellement des donations en 2011. Le collectif budgétaire de l'été 2012 portera ce délai à 15 ans et réduira l'abattement sur les successions et donations à 100 000 € par parent et par enfant. Elle maintiendra en revanche le dispositif qui favorise la transmission anticipée du patrimoine.

Au-delà de l'imposition des revenus et des patrimoines, le reste de la politique fiscale du président Hollande s'inscrit également sur une trajectoire positive. Ainsi en est-il de la suppression de la défiscalisation des heures supplémentaires. Favoriser la réduction du temps de travail ou au contraire les heures supplémentaires n'est pas une question idéologique, mais une question de situation conjoncturelle. Quand une économie est au plein-emploi avec des fortes pénuries de main-d'œuvre, comme avait pu l'être la France dans les années 1950, le recours aux heures supplémentaires est évidemment pertinent. Il n'était d'ailleurs nul besoin de les subventionner pour que les entreprises, confrontées à la pénurie de main-d'œuvre, y recourent massivement. Dans une situation de chômage massif comme c'était le cas dans les années qui ont précédé la mise en œuvre des 35 heures ou de nouveau depuis 2008, c'est naturellement la réduction du temps de travail qui est la solution pertinente. Dans la situation conjoncturelle qui prévalait en 2007, la subvention aux heures supplémentaires n'avait déjà pas de justification économique, car l'économie française était encore très éloignée du plein-emploi. L'avoir maintenue après la crise était une erreur de politique économique. Le gouvernement Ayrault fut bien inspiré de la supprimer en 2012 et le président Macron bien mal inspiré de la rétablir (partiellement) en 2017.

Les mêmes raisons conjoncturelles justifiaient la suppression de la TVA sociale votée par l'ancienne majorité en janvier 2012 pour s'appliquer en octobre 2012. Le principe est simple : diminuer les cotisations patronales pour réduire le coût du travail et gagner en compétitivité, en reportant la charge sur la TVA. Mais c'est faire baisser le salaire réel – c'est-à-dire le pouvoir d'achat des salaires. Il n'y a pas de miracle en économie. Comme dans une dévaluation, les gains de compétitivité ne résultent que de la baisse du salaire réel.

En outre, le partage entre les effets compétitivité et emploi dépend étroitement du ciblage des baisses de charges. L'effet emploi est maximal si celles-ci sont ciblées sur les bas salaires, mais alors l'effet compétitivité est faible puisque le principal secteur bénéficiaire de cette mesure n'est pas l'industrie mais les services, la grande distribution, le bâtiment, dont les activités ne sont pas délocalisables. Si l'allégement n'est pas ciblé sur les bas salaires, c'est l'effet emploi cette fois qui s'évapore. Mais la question cruciale reste la situation conjoncturelle. En début d'année 2012, la croissance française s'affaissait parce que le pouvoir d'achat des ménages baissait : y ajouter quelques points de hausse de TVA, c'était réduire le PIB et aggraver le ralentissement. La mise en œuvre serait intervenue au plus mauvais moment. Le problème, c'est que la TVA sociale réapparut quelques mois plus tard sous une autre forme : le CICE.

L'accumulation de mesures de circonstance et la bombe du rapport Gallois

Si changement il y eut avec la suppression ou la réforme de mesures injustes et inefficaces du quinquennat Sarkozy, il ne fut pas à la hauteur des attentes du côté des mesures nouvelles. Le premier texte budgétaire du nouveau gouvernement aurait dû aussi donner le *la* de la réforme fiscale promise pendant la campagne. La plus importante était, comme le prévoyait le rapport Fabius sur les mesures à prendre une fois François Hollande élu, le lancement dès juillet 2012 des travaux préparatoires au prélèvement à la source, préalable à toute réforme de fond de l'imposition des revenus.

Or, la priorité donnée au rendement fiscal conduisit au contraire à une accumulation de mesures de circonstance. Certaines, comme la taxe additionnelle à l'IS assise sur les dividendes distribués, conduisirent à une longue saga jurisprudentielle qui s'achèvera en octobre 2017 par la censure de l'intégralité de la taxe par le Conseil constitutionnel. À la longue liste de taxes nouvelles et de contributions exceptionnelles votées dans les deux dernières années du gouvernement Fillon, le ministre du Budget en ajouta d'autres, laissant libre cours à l'inventivité fiscale de la Direction du budget. C'est ainsi que le gouvernement ajouta à la contribution exceptionnelle sur l'impôt sur les sociétés, créée par la dernière loi de finances rectificative pour 2011, une mesure de trésorerie, le versement anticipé de cette contribution.

Le changement prenait de plus en plus la tournure de l'austérité inaugurée un an plus tôt par le gouvernement Fillon, même si elle s'appuyait sur la justice fiscale. La priorité donnée à la réduction du déficit sur la réforme fiscale, qui transparaissait dans le collectif budgétaire de l'été 2012, allait encore s'accentuer avec le budget pour 2013.

Enfin, une mesure inattendue au regard des engagements du candidat Hollande, le CICE (Crédit d'impôt pour la compétitivité et l'emploi) surgira d'un rapport mal maîtrisé, remettant en cause par son montant (20 milliards, soit le coût total des 60 engagements de François Hollande) la cohérence d'ensemble du programme présidentiel. Au moment où la majorité supprime les 10 milliards de TVA sociale, on découvre en effet avec stupéfaction que le gouvernement vient de confier le 11 juillet 2012 à Louis Gallois, alors commissaire général à l'investissement, un rapport sur la compétitivité devant lui être remis en octobre. Louis Gallois est un grand capitaine d'industrie qui, tant à la tête d'Airbus qu'à celle de la SNCF quelques années plus tôt, ou comme directeur de l'Industrie dans les années 1980, a marqué le développement industriel de notre pays. Il y avait toutefois un problème de taille. Quelques jours avant cette lettre de mission, Louis Gallois plaidait aux Journées de l'économie d'Aix-en-Provence pour un « choc de compétitivité » et proposait un transfert de cotisations de 30 à 50 milliards sur la TVA ou la CSG. À peu de chose près le plaidoyer du Medef et surtout trois à quatre fois la mesure que la nouvelle majorité de l'Assemblée nationale était en train de supprimer.

Les mesures fiscales en discussion pour redresser la compétitivité ne sont pas qu'un sujet de politique industrielle, ce sont d'abord des sujets majeurs de politique macroéconomique. On ne transfère pas un ou plusieurs points de PIB des entreprises sur les ménages sans un effet dépressif majeur à court terme sur la consommation, la demande et la croissance, dans une situation où l'économie était confrontée à un fléchissement de la demande. Non seulement ce transfert aurait aggravé le ralentissement qui s'amorçait, mais il aurait remis en cause la cohérence du budget pour 2013 qui évitait le plus possible de peser sur la consommation. Quant aux conséquences politiques, elles furent à long terme désastreuses. Pouvait-il en être autrement quand un rapport commandé par le gouvernement proposait ni plus ni moins de rétablir la TVA sociale que sa majorité venait de supprimer et qu'elle avait combattue tout au long de la campagne ?

La droite s'emparant du rapport pour mettre en difficulté le gouvernement, le président et le Premier ministre cherchent une issue en repoussant de plusieurs semaines sa remise officielle. Après plusieurs échanges avec François Hollande le mettant en garde contre l'effet dépressif d'un transfert de fiscalité sur les ménages, je lui propose d'opter plutôt pour un soutien fiscal à l'investissement de quelques milliards prenant la forme d'un crédit d'impôt assis sur l'augmentation de l'investissement et pouvant être pérennisé à terme en baisse de l'IS sur les profits réinvestis, conformément à l'un de ses engagements de campagne. J'apprendrai par la suite qu'Arnaud Montebourg, alors ministre du Redressement productif, avait formulé des propositions voisines pour orienter les allégements envisagés sur l'investissement et l'innovation.

Comme il en avait coutume au Parti socialiste, le président fit, dans son domaine de prédilection – la fiscalité –, une synthèse des différentes propositions. Ce ne sera pas un allégement, mais un crédit d'impôt pour ne pas peser sur la demande des ménages en 2013 ; il ne sera pas assis sur l'investissement ou l'innovation, mais sur les salaires jusqu'à 2,5 Smic comme le propose le rapport Gallois ; ce sera ni quelques milliards, ni 40 milliards, mais 20.

Comme le montrera son évaluation[1], le CICE n'a pas eu « d'effets visibles sur l'investissement, la R&D et les exportations » au cours du mandat. Assis sur la masse salariale, il arrosait en effet surtout des secteurs qui ne sont pas soumis à la concur-

1. Rapports du comité de suivi du CICE, septembre 2016 et octobre 2017.

rence internationale et moins de 4 des 20 milliards du CICE allaient au secteur industriel. Pour une somme quatre à cinq fois plus faible, un crédit d'impôt assis sur l'investissement ou l'innovation aurait eu un effet bien plus favorable sur la croissance et la compétitivité sans compromettre l'équilibre économique et politique de l'action du gouvernement. Car les 20 milliards du CICE étaient financés par une réduction supplémentaire des dépenses publiques et par une hausse de la TVA à partir du 1er janvier 2014. Supprimée par le Parlement en juillet 2012, la TVA sociale revenait ainsi sous un autre nom en décembre.

Si le CICE n'affectait pas le budget pour 2013, il allait, pour un impact économique dérisoire au cours du mandat, réorienter complètement la politique économique du gouvernement, créant les conditions du futur éclatement de la majorité.

2013 : des pigeons au ras-le-bol fiscal

Le budget initial pour 2013 fut construit avec une hypothèse de croissance de 0,8 % et une réduction du déficit structurel – hors variations liées à la conjoncture – de 2 points de PIB. Même si le gouvernement et sa majorité insistaient sur le choix ciblé des mesures budgétaires pour ne pas trop peser sur la croissance, il est clair aujourd'hui qu'une réduction de près de 2 points du déficit structurel était à la fois beaucoup trop forte pour ne pas peser sur la croissance, et trop faible pour atteindre l'objectif de 3 % de PIB dans le contexte conjoncturel de l'époque. L'OFCE soulignait d'ailleurs le risque d'un effet fortement dépressif de politiques d'austérité simultanées dans tous les pays européens.

Il aurait été plus prudent, après l'audit des finances publiques qui montrait la difficulté à atteindre la cible de 3 %, de discuter dès le début du quinquennat avec la Commission européenne de cet objectif, d'autant qu'il fut remis en cause quelques mois plus tard, passant à 3,7 % dans le programme de stabilité envoyé à la Commission en avril 2013.

Ramener le déficit de 4,5 % du PIB en 2012 à 3 % en 2013 supposait un effort budgétaire global (État et Sécurité sociale) de 30 milliards[1] : 20 en recettes et 10 en réduction des dépenses. Ce partage deux tiers/un tiers était pertinent d'un point de vue économique, car contrairement à une idée très répandue, la réduction des dépenses a un effet plus dépressif que l'augmentation des recettes à court terme (c'est l'inverse à long terme). Ce n'était pas en revanche le plus pertinent politiquement, car succédant aux 30 milliards de hausses d'impôts du gouvernement Fillon, il allait déclencher « le ras-le-bol fiscal ». Les 20 milliards de hausse des prélèvements se décomposaient en 10 milliards sur les ménages les plus aisés et 10 sur les entreprises, essentiellement par la limitation de niches fiscales concernant les grandes entreprises (7 milliards). Sur ces 20 milliards de prélèvements, 15 allaient au budget de l'État et 5 à celui de la Sécurité sociale.

En imposant de la même façon les revenus du travail et ceux du capital au barème de l'IR par la suppression des prélèvements libératoires dont bénéficiaient les revenus du capital, en plafonnant les niches fiscales, et en portant le taux marginal le plus élevé à 45 %, la loi de finances pour 2013 a réalisé une première réforme importante de l'impôt sur le revenu, corrigeant les injustices les plus criantes.

En effet, avant la réforme de 2013, en raison des niches fiscales et du prélèvement libératoire sur les revenus du capital, le taux effectif moyen d'imposition, qui pouvait dépasser 30 % pour les cadres supérieurs ne percevant que des salaires, était seulement de 25 % pour les 1 000 contribuables les plus aisés et inférieur à

1. 1 point de PIB représente 20 milliards d'euros.

20 % pour les 10 plus hauts revenus. Les très hauts revenus, principalement constitués de revenus du capital, bénéficiaient du prélèvement forfaitaire libératoire de 24 % pour les intérêts, 21 % pour les dividendes et d'un prélèvement forfaitaire de 19 % pour les plus-values de cession de titres.

Outre le taux marginal de 45 % au-delà de 150 000 € par part, le plafond du quotient familial qui bénéficie surtout aux revenus les plus élevés était abaissé de 2 336 à 2 000 euros (il sera à nouveau abaissé à 1 500 € en 2014 pour équilibrer la branche famille). Enfin, les revenus d'activité supérieurs à 1 million d'euros étaient taxés à 75 % selon des modalités annulées par le Conseil constitutionnel. Remplacée par une taxe payée par les entreprises sur les revenus dépassant 1 million d'euros, elle fut définitivement abandonnée l'année suivante.

La réforme majeure de l'impôt sur le revenu était incontestablement la suppression des prélèvements libératoires sur les intérêts et dividendes et du prélèvement forfaitaire sur les plus-values de cession de valeurs mobilières. Le projet de loi de finances aboutira pour la première fois dans notre pays à ce que les revenus du capital soient enfin taxés comme les revenus du travail, au barème de l'impôt sur le revenu. C'était du moins vrai de la version initiale. Le premier recul du gouvernement, à l'occasion de la fronde des soi-disant « pigeons », a fortement réduit le dispositif concernant les plus-values.

Cette réforme des plus-values a en effet soulevé la fronde d'entrepreneurs, relayée aussitôt par le Medef, aboutissant à un recul du gouvernement qui a réduit comme une peau de chagrin le dispositif. La communication des « pigeons » était habile mais prenait beaucoup d'arrangements avec la vérité, et la gestion gouvernementale de l'épisode a été franchement déficiente. La proposition initiale du gouvernement préservait déjà largement l'entreprise, mais le fait de céder immédiatement alors même que le texte était en discussion à l'Assemblée n'a pas permis d'en expliquer le bien-fondé. Seuls le rapporteur du budget Christian Eckert et moi-même, alors porte-parole du groupe socialiste sur le budget, défendions le projet initial dans les médias, au moment même où le gouvernement cédait sur toute la ligne.

Cette réforme rétablissait la justice fiscale car le prélèvement forfaitaire sur les plus-values était doublement injuste : son taux de 19 % était indépendant du revenu, ce qui créait une inégalité profonde avec un revenu salarial imposé au barème de l'impôt sur le revenu.

Peut-on accepter qu'un cadre moyen ne disposant que de son salaire soit imposé à 30 % sur chaque euro supplémentaire à partir de 2 500 € par mois, alors que celui qui réalise une plus-value considérable ne sera imposé qu'à 19 %, quel que soit le montant considéré ? Peut-on accepter qu'un retraité non imposable complétant sa modeste retraite par la vente d'une partie de ses actions paie sur la plus-value qu'il réalise le même taux de 19 % que le titulaire d'un gros portefeuille d'actions disposant d'un revenu considérable – alors même que l'opération effectuée par ce retraité, soumise au barème de l'impôt sur le revenu comme le proposait le PLF pour 2013, serait non imposée ? La justice fiscale, c'est que chacun contribue à l'impôt en fonction de ses revenus, qu'ils proviennent du travail ou du capital.

Dire que la taxation des plus-values augmente la pression fiscale comme l'ont répété à longueur d'antenne les « pigeons » était inexact. Pour les contribuables qui n'atteignaient pas un taux d'imposition moyen de 19 %, correspondant au prélèvement forfaitaire, ce n'était pas une hausse, mais une baisse : ils étaient 57 000. Pour ceux dont les revenus les mettaient au-delà de ce taux, c'était une hausse, mais une hausse juste puisque c'était l'application du barème de l'impôt sur le revenu qui s'impose à tous : ils étaient 75 000.

Dire que cette imposition des plus-values empêchait la création d'entreprises, c'était oublier toutes les exonérations qui avaient été mises en place ou maintenues : le dirigeant actionnaire de son entreprise qui vend ses parts au moment de partir à la retraite restait totalement exonéré ; le créateur d'une jeune entreprise innovante cédant ses parts était exonéré en totalité sur sa plus-value ; le dirigeant actionnaire de son entreprise qui revend ses parts pour réinvestir dans une autre société et continue à être chef d'entreprise était totalement exonéré.

Mais le vrai problème du budget 2013, c'est que les hausses d'impôts s'ajoutaient à celles opérées par François Fillon dans la dernière année du mandat. Comme le résume cinq ans plus tard l'ancienne conseillère à la communication de Jean-Marc Ayrault et Manuel Valls à Matignon, Chloé Morin[1] : « Le traumatisme fiscal de l'automne 2012 fut à la hauteur des espoirs : loin de mettre en œuvre leur big bang fiscal, le président et le Premier ministre ont fait voter des hausses d'impôts massives pour les ménages (qui venaient s'ajouter à celles votées à la fin du quinquennat précédent mais mises en œuvre en 2012), tout en promettant que neuf Français sur dix en seraient épargnés. Et ce, sans même avoir pris la peine de tenir un discours de vérité sur l'état des comptes publics pour préparer les esprits. »

La phrase que le gouvernement Ayrault allait traîner comme un boulet était que « neuf Français sur dix seraient épargnés par les hausses d'impôt[2] ». Prononcée en septembre 2012, lors de la présentation du budget, elle était exacte s'agissant du seul budget de l'État pour 2013 au titre de l'impôt sur le revenu. Comme

1. Chloé Morin, « Aux origines du ras-le-bol fiscal », *Les Échos*, 11 juillet 2017.

2. Voir l'analyse de Cédric Mathiot, « L'élément de langage qui pourrit la vie de Hollande », *Libération*, 7 novembre 2014.

l'illustrait un graphique présenté dans le dossier de presse de la loi de finances pour 2013[1], les hausses d'impôts sur le revenu résultant du budget ne concernaient en effet que les contribuables du dernier décile : pour tous les autres, les mesures étaient une baisse en moyenne. Mais cela ne prenait pas en compte les autres textes financiers du gouvernement (collectif budgétaire et loi de financement de la Sécurité sociale) et encore moins les conséquences des hausses d'impôts résultant des mesures du gouvernement Fillon. Les contribuables à qui l'on annonçait des baisses ne ressentaient que le résultat global sans distinguer l'origine de la hausse d'impôt.

Les hausses d'impôts et de prélèvements sociaux au cours des trois années 2011-2013 ont en effet représenté plus de 60 milliards d'euros. La moitié résultait des mesures votées par le gouvernement Fillon et notamment de l'accumulation de mesures d'austérité dans les lois de finances rectificatives de 2011 ; l'autre moitié des hausses de prélèvements votées par la gauche en 2012 pour 2013. Comme le reconnaissait François Hollande dans ses confessions aux deux journalistes du Monde : « Le problème c'est qu'on est arrivés alors que les autres avaient déjà augmenté les impôts, en deux temps. Or les impôts, ça se décide à un moment X et ça se paie à un moment Y. Et nous on est arrivés au moment Y[2]. » Un moment qui conduira le ministre de l'Économie Pierre Moscovici à déclarer en août 2013 : « Moi, je suis très sensible à ce ras-le-bol fiscal que je ressens de la part de nos concitoyens. » La phrase était juste, mais le plus mal placé pour la formuler était

1. PLF 2013, « Solidaires et responsables pour une France plus juste », p. 22 (en ligne).

2. Gérard Davet et Fabrice Lhomme, *Un président ne devrait pas dire ça*, Paris, Stock, 2016.

celui qui proposa ces hausses ou du moins laissa son ministre du Budget les accumuler.

Le colmatage des bombes à retardement Fillon

Les deux mesures qui ont été les plus mal ressenties par nos concitoyens étaient deux bombes à retardement votées sous le gouvernement Fillon : le gel du barème de l'impôt sur le revenu en 2012 et 2013 et la suppression progressive de la « demi-part des veuves » en 2008 programmée sur 5 ans, dont la disparition a déclenché d'importantes hausses de fiscalité locale en 2014-2015.

De 1981 jusqu'à 2012, les tranches du barème de l'impôt sur le revenu étaient revalorisées chaque année du montant de l'inflation pour tenir compte de l'évolution du coût de la vie. Dans le plan de rigueur de fin d'année 2011 le gouvernement Fillon décidait de geler l'indexation du barème pour 2012 et 2013 afin d'économiser 1,7 milliard en 2012 (et autant l'année suivante). François Hollande avait dénoncé à l'époque, comme l'ensemble de la gauche, « une mesure particulièrement injuste ». Elle conduisait en effet à une hausse d'impôt pour l'ensemble des contribuables dont les revenus augmentaient même très peu, et près de 200 000 d'entre eux qui étaient non imposables le sont devenus en 2012.

Le 9 septembre 2012, François Hollande annonçait que le gel du barème serait maintenu en 2013, mais que l'augmentation de la décote[1] permettrait d'en neutraliser les effets pour les contribuables modestes qui se situent dans les deux premières tranches

1. Créée en 1981, elle diminue l'impôt sur le revenu pour les contribuables modestes ; cf. chapitre 5.

de l'IR. Outre la revalorisation de la décote, l'article 2 du projet de loi de finances pour 2013 actualisait tous les plafonds de revenus et les abattements sur lesquels reposaient une douzaine de régimes fiscaux dérogatoires, permettant aux plus modestes d'être exonérés de tout ou partie de leur taxe d'habitation, leur taxe foncière ou leur CSG.

La suppression de la demi-part des veuves a eu des effets plus nocifs dans l'opinion. Jusqu'à l'imposition des revenus de 2008, les contribuables célibataires, veufs, divorcés ou séparés bénéficiaient d'une demi-part de quotient familial supplémentaire lorsqu'ils vivaient seuls et avaient élevé un ou plusieurs enfants. Instaurée après la Seconde Guerre mondiale pour prendre en compte la situation des veuves de guerre, cette demi-part prolongeait en quelque sorte la demi-part supplémentaire attribuée à un contribuable vivant seul avec un ou plusieurs enfants à charge, une fois que ceux-ci étaient devenus adultes.

La loi de finances pour 2009 du gouvernement Fillon n'a maintenu cette demi-part que pour les veuves de guerre et les parents isolés ayant élevé seuls un enfant durant au moins cinq ans. Pour les autres, elle disparaissait progressivement : la réduction d'impôt était plafonnée à partir de 2009 et le plafond progressivement abaissé, jusqu'à devenir nul en 2014.

La mesure elle-même était justifiée. Ce dispositif, pertinent pour les veuves de guerre ou pour un enfant invalide, représentait clairement une dérogation au dispositif du quotient familial, dont la logique est de ne prendre en compte fiscalement les enfants qu'au moment où ils sont à charge.

Mais la suppression de cette demi-part par la droite en 2008 a atteint ses pleins effets à partir de 2014. La perte d'une demi-part dans un foyer fiscal change en effet automatiquement les critères de calcul du revenu fiscal de référence qui sert de critère pour l'application du taux réduit de CSG ou pour les exonérations de taxe d'habitation et de taxe foncière des personnes âgées. Plusieurs centaines de milliers de personnes modestes se sont retrouvées à devoir acquitter leurs impôts locaux alors qu'elles bénéficiaient auparavant d'une exonération.

Cet impact avait été complètement sous-estimé par la droite, comme par la gauche. La bonne méthode pour supprimer des niches fiscales, sans remise en cause des avantages acquis, difficilement acceptable pour le contribuable, consiste à n'appliquer cette réforme qu'aux nouveaux entrants. Cette démarche a, par exemple, été adoptée pour les augmentations de la durée de cotisation dans les réformes successives des retraites. L'avantage est qu'elle étend progressivement la réforme à l'ensemble des citoyens par le renouvellement des générations, sans remettre en cause les situations antérieures. La suppression de la demi-part des veuves aurait pu s'accomplir en l'appliquant uniquement aux entrants à partir du 1er janvier 2009. Aucun de ceux qui en bénéficiaient n'aurait perdu cet avantage antérieur. Certes, l'économie budgétaire aurait été très lente à intervenir. Mais, dans une réforme fiscale, l'objectif de simplification et de rationalisation doit l'emporter sur la vision strictement financière.

Face au grand nombre de personnes âgées de plus de 60 ans ou veuves qui étaient exonérées de taxe d'habitation et de contribution à l'audiovisuel public en 2013 et se retrouvaient devoir la payer en 2014 alors que leurs revenus n'avaient pas changé, une mesure exceptionnelle a été prise dans le cadre de la loi de finances rectificative de juillet 2014. Elle prévoyait de continuer à faire bénéficier ces personnes de l'exonération de la taxe d'habitation et de contribution à l'audiovisuel public au titre de 2014, quand bien même elles ne remplissaient plus la condition de revenus.

À l'automne 2015, avec la disparition complète du dispositif, ce sont des centaines de milliers de retraités qui se retrouvaient devoir payer une taxe d'habitation dont ils étaient exonérés précédemment. Le gouvernement a alors mis en place dans la loi de finances pour 2016 avec effet rétroactif en 2015 un dispositif qui permettait aux contribuables qui franchissaient le seuil de revenu fiscal de référence de conserver pendant deux ans le bénéfice de l'exonération de la taxe d'habitation, accompagné d'une disparition progressive ensuite. Comme les avis d'imposition locale pour 2015 avaient souvent été déjà reçus, on assista à un courrier ubuesque d'un ministre du Budget écrivant aux contribuables de ne pas payer l'impôt et indiquant à ceux qui l'avaient déjà payé qu'ils seraient remboursés !

Une politique de l'offre à contretemps

Dès la fin de l'année 2013, il était de plus en plus clair que non seulement la reprise ne se produirait pas, mais que la récession européenne amorcée pouvait devenir plus profonde et plus longue que prévue. Avec la récession, les pertes de recettes fiscales limitaient fortement la réduction effective des déficits malgré l'ampleur de « l'effort structurel », et le chômage continuait évidemment à croître. Face à une demande qui s'affaissait, il eût été cohérent de mettre à profit les deux années de délais accordés par l'Europe dans la réduction des déficits[1], pour soutenir le revenu des ménages à travers une action forte sur l'emploi du secteur non marchand. Le pari du président d'inverser la courbe

1. Dans le cadre du programme de stabilité discuté au Parlement en avril 2013 et envoyé à la Commission européenne, la prévision de déficit pour 2013 était explicitement revue à 3,7 % et, après négociation avec la Commission européenne, la France obtenait un délai de deux ans pour revenir à un déficit effectif de 3 % du PIB.

du chômage aurait pu conduire à une politique bien adaptée à la conjoncture, s'il ne s'était pas contenté d'attendre passivement un retournement du cycle qui ne s'est pas produit. Car, dans une récession, la création volontariste d'emplois dans le secteur non marchand peut redonner confiance et contribuer, par la hausse du revenu qui résulte des emplois créés, au soutien de l'activité économique et au retour de la croissance. Cela avait été appliqué avec succès dans le passé notamment pour relancer l'emploi et l'activité économique en 1997 et en 2006.

Or non seulement François Hollande ne se donna pas les moyens d'agir massivement sur les emplois aidés, comme l'avaient fait Lionel Jospin en 1997 et Jean-Louis Borloo en 2006, mais il lança le 14 janvier 2014 une politique économique à la fois en complet décalage avec la conjoncture économique et totalement orthogonale à ses engagements de campagne.

Au cours de la conférence de presse qu'il donna ce jour-là, on entendit ce discours stupéfiant d'un président de la République expliquant que pour inverser la courbe du chômage il fallait maintenant tout miser sur l'offre, car « l'offre crée la demande ». Énoncer la « loi de Say » en plein effondrement de la demande, il fallait que François Hollande eût perdu au pouvoir beaucoup de ses repères pour en arriver là. Les allégements sur les entreprises passèrent ainsi des 20 milliards du CICE à 30, puis 38 quelques mois plus tard, pour atteindre 41 milliards en juillet 2014.

Comment un président de gauche, élu sur un discours du Bourget aux accents rooseveltiens, a-t-il pu faire de la politique de l'offre l'alpha et l'oméga de sa politique économique ? Comment a-t-il pu, alors que l'objectif principal était la réduction des déficits, programmer 41 milliards d'allégements – deux fois le coût de ses 60 engagements – avec une accumulation sans précédent de dispositifs mal évalués, mal calibrés, moins destinés à aider les vrais entrepreneurs qu'à calmer les humeurs du Medef. Et tout cela financé par une réduction sans précédent de 50 milliards des dépenses publiques sur trois ans par rapport à leur tendance de progression.

Il n'est pas dans le propos de ce livre de s'étendre trop sur cet aspect de la politique économique de François Hollande. Mais il faut souligner que, d'une efficacité douteuse sur le plan économique, elle fut calamiteuse sur le plan politique. Elle conduira à la division de la majorité et enterrera définitivement la réforme fiscale que Jean-Marc Ayrault avait tenté de relancer en novembre 2013 avant d'être remercié par le président cinq mois plus tard. Car le président reconnaîtra dans ses incroyables confessions à Gérard Davet et Fabrice Lhomme que « fin novembre 2013, la question du remplacement d'Ayrault s'était déjà posée et qu'avec Manuel Valls [il avait déjà] évoqué cette hypothèse ». L'échéance intervint en mars 2014, le lendemain du deuxième tour de la débâcle des municipales, première d'une longue série. La coupure entre le président et le peuple de gauche qui l'avait porté au pouvoir était déjà béante et, pour beaucoup de députés de la majorité, le tournant du pacte de « responsabilité » soigneusement préparé par le secrétaire général adjoint de l'Élysée, Emmanuel Macron, n'enterrait pas seulement la mesure phare du programme de François Hollande. C'était le discours du Bourget et le moment social-démocrate[1] incarné par Jean-Marc Ayrault qui disparaissaient au profit d'un social-libéralisme sinon ouvertement revendiqué, du moins ouvertement appliqué.

1. Ce « moment social-démocrate » aura duré moins d'un an comme l'analyse Francis Brochet dans son ouvrage *Et Hollande enterra le socialisme*, Paris, Éditions de l'Archipel, 2015.

Le divorce au sein de la majorité

Le 5 avril 2014, quelques jours après la débâcle des municipales et deux jours avant la déclaration de politique générale du nouveau Premier ministre Manuel Valls, nous sommes 88 députés à signer un appel « pour un contrat de majorité » réclamant un changement d'orientation de la politique économique. Ainsi commença le divorce entre la politique économique du gouvernement et une partie de sa majorité.

Si ceux que la presse appellera les « frondeurs » se limitaient dans les votes à une quarantaine d'abstentionnistes, le nombre de députés socialistes qui doutaient de la pertinence de cette politique mais qui votaient par principe les textes du gouvernement étaient beaucoup plus nombreux. Combien de fois ai-je entendu des collègues me dire : « Je vote pour parce que je suis membre du PS et de la majorité, mais je ne comprends pas cette politique qui nous conduit à la catastrophe. » Et la demande d'explication ne se limitait pas aux députés, voire aux ministres qui doutaient mais ne pouvaient s'exprimer, elle venait du peuple de gauche qui se sentait trahi. Je n'ai cessé au cours de cette période de répondre à de multiples invitations de fédérations du PS qui se demandaient où les conduisait cette politique. Comme j'avais consacré la plupart de mes interventions à l'Assemblée à de longues explications économiques, en particulier quand nous étions dans l'opposition où, sur chaque texte en débat, les orateurs de l'opposition disposent de deux fois 30 minutes pour défendre les motions de rejet ou de renvoi en commission, on me demandait : « Sommes-nous dans la même situation qu'en 1983 avec le tournant de la rigueur ? Nous sommes-nous trompés avec le discours du Bourget ? »

Pour avoir écrit un long ouvrage, *La Gauche face à la crise*[1], sur la politique économique des années 1980 et soutenu en 1983 le tournant de la rigueur de Mauroy et Delors lorsque j'étais directeur à l'OFCE, ma réponse était clairement non. C'était même l'inverse : en 1983, il fallait corriger une relance inadaptée ; en 2013, c'est le changement de politique économique et la conversion à la pensée unique européenne qui étaient erronés.

Arnaud Montebourg, alors ministre de l'Économie, n'eut pas plus de succès dans ses propositions de réorientation de la politique économique. Après sa déclaration à Frangy-en-Bresse le 24 août 2014, reprenant les propositions qu'il avait faites lors d'une conférence de presse à Bercy en juillet, mais y ajoutant cette fois une plaisanterie sur « la cuvée du redressement » qui ne fut pas du goût du Premier ministre, Montebourg, Benoît Hamon et Aurélie Filippetti quittèrent le gouvernement. Avec le départ des Verts lors de la formation du premier gouvernement Valls en avril et d'une partie des socialistes dans le second fin août, l'exécutif des deux dernières années du quinquennat se réduisit comme une peau de chagrin. Quelques jours après son départ du gouvernement, Arnaud Montebourg résumait le tournant politique avec une formule choc : « Les Français ont voté pour la gauche et ils se retrouvent avec le programme de la droite allemande. »

1. Alain Fonteneau et Pierre-Alain Muet, *La Gauche face à la crise*, Paris, Presses de la Fondation nationale des sciences politiques, 1985.

Chapitre 3

Et le président enterra la réforme du candidat

Le « pacte de responsabilité » ne se contentait pas de marquer un tournant vers une politique sociale-libérale à contretemps que Manuel Valls assuma pleinement, il enterrait la réforme fiscale que Jean-Marc Ayrault tenta de relancer, comme Premier ministre en sursis fin 2013, puis comme député en 2015.

Le mardi 19 novembre 2013, dans un entretien aux *Échos*, le Premier ministre Jean-Marc Ayrault annonce « une remise à plat de notre fiscalité en toute transparence [...] à prélèvements obligatoires constants ». Soulignant que « jusqu'ici, nous avons répondu à l'urgence pour redresser la barre, il nous faut maintenant bâtir pour l'avenir » afin de réformer « un système fiscal trop complexe et quasiment illisible », dont « nos concitoyens ne comprennent plus la logique ou ne sont pas convaincus que ce qu'ils payent est juste ». Il souligne que la réforme concernera l'imposition des entreprises et des ménages et que le débat inclura la fusion de l'impôt sur le revenu et de la CSG.

À la conférence de presse suivant la réunion de l'Eurogroupe à laquelle il participe une semaine plus tard, Pierre Moscovici lancera : « Il doit être très clair que cette réforme doit être un approfondissement de la démarche qui vise à améliorer la compétitivité. » Deux jours plus tard, Bercy faisait « fuiter » dans *Les Échos* un rapport non publié, rédigé en 2012 sous l'ancienne mandature, qui laissait entendre que la fusion de la CSG avec l'impôt sur le revenu pourrait alourdir la facture fiscale de 10 millions de Français. Cette évaluation supposait que l'abaissement de la CSG pour les contribuables modestes ne payant pas l'impôt sur le revenu était compensé par une hausse de l'imposition des revenus plus élevés pour être neutre sur les finances publiques. La même réforme pouvait évidemment être faite avec uniquement une baisse de l'impôt des contribuables modestes sans aucune hausse pour les autres, dès lors qu'on l'inscrivait clairement dans une stratégie de baisse des prélèvements obligatoires.

De ce point de vue, l'expression « à prélèvements obligatoires constants » n'était pas heureuse, car elle se prêtait à cette interprétation. Et Bercy, prompt à s'opposer à toute réforme qui ne vient pas de ses couloirs, en abusera par la suite, y compris lorsque Michel Sapin remplacera Pierre Moscovici.

Le 19 décembre 2013, le Premier ministre installe le comité de pilotage de la réforme fiscale comportant les ministres concernés et les rapporteurs généraux du budget de l'Assemblée et du Sénat en déclarant : « Nous ouvrons un chantier de plusieurs mois de travail qui débouchera sur des propositions à l'été 2014. Le gouvernement fera ses premiers choix qu'il mettra dans la loi de finances pour 2015. On ne fera pas tout d'un coup, la réforme se poursuivra jusqu'à la fin du quinquennat[1]. »

Après avoir lancé le 29 janvier 2014 les Assises de la fiscalité des entreprises, Jean-Marc Ayrault met en place le 31 janvier le groupe de travail sur la fiscalité des ménages. Mais entre-temps, le lancement du « pacte de responsabilité » le 14 janvier par le président de la République, multipliant les allégements sur les entreprises, avait enterré toute velléité de réforme importante de

1. Patrick Roger, « Le chantier de la réforme fiscale débouchera sur les propositions à l'été 2014 », *Le Monde*, 20 décembre 2014.

l'imposition des ménages. En lançant la réforme fiscale à l'automne 2013, Jean-Marc Ayrault espérait qu'après avoir consacré 20 milliards d'euros aux entreprises avec le CICE, il allait pouvoir consacrer une somme comparable dans les années à venir à la réforme de l'imposition des revenus, qui était le grand engagement de campagne de François Hollande et de sa majorité. Mais le pacte de responsabilité du 14 janvier devenait l'unique préoccupation du président résolu, comme ses ministres des Finances successifs, à écarter tout ce qui pouvait ressembler à un rapprochement de l'impôt sur le revenu et de la CSG.

Restait le prélèvement à la source, préalable à toute réforme de l'imposition des revenus. Le cabinet de Matignon avait fait un remarquable travail sur ce sujet alors même que l'administration fiscale avait multiplié les rapports pour éviter de voir revenir ce serpent de mer. Les études d'opinion avaient par ailleurs montré que c'était la seule réforme réellement attendue par les citoyens et Jean-Marc Ayrault espérait bien pouvoir aboutir au moins sur ce sujet. Mais avec la puissance de ses services, Bercy reprendra complètement la main sur les groupes de travail pour étouffer toute velléité de réforme.

Piloté par Dominique Lefebvre, député du Val-d'Oise, et François Auvigne, inspecteur général des finances, le groupe de travail sur la fiscalité des ménages avait pour rapporteure la directrice de la législation fiscale et son secrétariat était assuré par l'Inspection des finances. Le rapport évacue d'emblée la « question de la fusion progressive de l'IR et de la CSG qui n'est pas taboue dans le cadre d'une démarche de remise à plat mais comporterait des risques et des transferts et complexifierait le pilotage des finances sociales [1] ». S'agissant du prélèvement à la

1. Dominique Lefebvre et François Auvigne, « Rapport sur la fiscalité des ménages », avril 2014, p. 19 (en ligne sur gouvernement.fr).

source, il indique que « les membres du groupe de travail ont apprécié diversement les avantages et les inconvénients respectifs du maintien du système actuel ou du basculement progressif vers un prélèvement à la source de l'impôt sur le revenu » et résume dans un tableau les avantages et les inconvénients des deux systèmes de prélèvement[1].

Bref, le document qui sera remis au nouveau Premier ministre en avril aboutit à ce que souhaitaient Bercy, Matignon et l'Élysée : enterrer la réforme fiscale relancée par Ayrault.

Le bricolage succède à la réforme

Manuel Valls Premier ministre va préférer le bricolage plutôt que la réforme. Aucune des quatre principales mesures qu'il mettra en œuvre ne s'inscrira dans une vision globale et cohérente de la fiscalité des ménages.

Première mesure, la réduction, dégressive, des cotisations d'assurance vieillesse et maladie entre 1 Smic et 1,3 fois le Smic. Le Conseil constitutionnel la juge contraire à la Constitution parce que le projet de loi impliquait « qu'un même régime de sécurité sociale continuerait [...] à financer, pour l'ensemble de ses assurés, les mêmes prestations malgré l'absence de versement, par près d'un tiers de ceux-ci, de la totalité des cotisations salariales ».

Il est étonnant que le gouvernement, si prompt à agiter l'inconstitutionnalité d'une mesure lorsqu'elle résulte de propositions parlementaires, n'ait pas mesuré le risque d'inconstitutionnalité d'une dégressivité des cotisations salariales. Pourquoi s'engager sur cette dégressivité et non sur celle de la CSG, sinon

1. *Ibid.*, p. 48-49.

par une opposition viscérale de Manuel Valls – et peut-être de façon incroyable de François Hollande lui-même – à tout ce qui pourrait rappeler une promesse de campagne oubliée ? Car, contrairement à une cotisation salariale, le Conseil constitutionnel ne s'oppose pas à une forme de progressivité de la CSG, qui est un impôt. Il impose en revanche que soient pris en compte la situation familiale et le revenu global du foyer.

Confrontés à la suppression de la mesure phare du discours de politique générale de Manuel Valls, le président et le Premier ministre recherchèrent une alternative. Une solution évidente était une transposition sur la CSG de la réduction dégressive de cotisation jusqu'à 1,3 Smic. Elle fut effectivement proposée au président dans les jours qui suivirent la décision du Conseil constitutionnel par Dominique Villemot – que François Hollande consultait fréquemment sur la réforme fiscale – et par Marc Wolf, ancien directeur adjoint à la Direction générale des impôts. Face à l'opposition de Bercy, Manuel Valls s'empressa de réorienter les sommes prévues pour les salariés modestes, qui souvent n'étaient pas imposables, vers les baisses d'impôt sur le revenu.

La deuxième proposition fiscale du discours de politique générale concernait en effet l'allégement de l'impôt sur le revenu. L'objectif était d'effacer dans les lois de finances successives les hausses résultant des mesures accumulées depuis 2011. Cet objectif était pertinent du point de vue à la fois politique et économique, puisqu'il augmentait le revenu des ménages, compensant les augmentations de début de mandat et soutenant la consommation. Mais, refusant d'inscrire les baisses dans une refonte cohérente de l'imposition des revenus articulant dégressivité de la CSG et baisse de l'impôt sur le revenu, Manuel Valls choisit le bricolage au coup par coup. Cela permettait de communiquer à chaque loi de finances sur les baisses d'impôt et la sortie de millions de contribuables de l'impôt sur le revenu, mais compliquait encore plus l'impôt sur le revenu et le consentement à l'impôt, et écartait pour longtemps toute réforme structurelle de l'imposition des revenus.

La loi de finances rectificative de l'été 2014 introduisait une réduction exceptionnelle de l'impôt dû en 2014 pour les contribuables modestes dont le revenu fiscal de référence était inférieur à 1,1 Smic. Son montant forfaitaire, fixé à 350 € pour un célibataire et au double pour un couple, a rendu non imposables 2 millions de contribuables, qui étaient souvent entrés dans l'imposition du revenu du fait des mesures accumulées depuis 2011.

Dans le projet de loi de finances pour 2015, le gouvernement supprimera la première tranche de l'impôt sur le revenu et pérennisera la réduction d'impôt exceptionnelle. La réduction du nombre de tranches ne simplifie nullement l'impôt. Quant à la suppression de la première tranche, elle est comparable à la suppression de la première marche d'un escalier : elle oblige à monter deux marches d'un coup ! Le PLF 2016 revalorisera la « décote », un abattement qui permet de réduire l'impôt dû, pour corriger cette entrée brutale dans l'impôt, faisant passer l'allégement d'impôt à 5 milliards. Enfin, le PLF 2017 instaurera une réduction d'impôt de 20 % pour tous les foyers ayant un revenu fiscal de référence inférieur à un certain plafond (18 500 € pour un célibataire, le double pour un couple, et augmenté de 3 700 € par demi-part). Au total, l'abaissement de l'impôt sur le revenu pour les contribuables modestes et les classes moyennes aura représenté 6 milliards d'euros sur les années 2014 à 2017.

En multipliant les gestes fiscaux pour calmer le ras-le-bol fiscal, François Hollande aura effacé les hausses d'impôts de 2012-2013 en rendant non imposables 3 millions de contribuables modestes, mais en abandonnant en chemin la réforme fiscale pour s'inscrire comme Nicolas Sarkozy dans le bricolage. Le graphique suivant montre le pourcentage de contribuables assujettis à l'impôt sur le revenu au cours des dix dernières années. La progression des années 2010 à 2013 portant le taux de contribuables assujettis de 43 % des foyers en 2009 à 52 % en 2013 résulte principalement du gel du barème de l'impôt sur le revenu (par la droite en 2012, par la gauche en 2013). À partir de 2014, ce sont les manipulations de la décote et la suppression de la première tranche qui font sortir 3 millions de contribuables de l'impôt sur le revenu, abaissant le taux d'assujettis à 42,3 % en 2016.

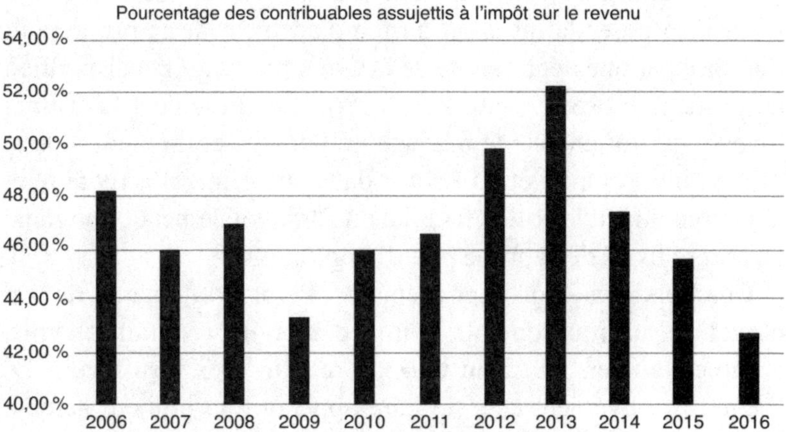

Source : DGFIP, 2017.

La troisième mesure, mise en œuvre en 2016, était destinée à remplacer la dégressivité des cotisations salariales censurée par le Conseil constitutionnel. Elle créait la prime d'activité en fusionnant deux dispositifs de soutien aux revenus modestes que nous analyserons en détail dans le chapitre 12 : la prime pour l'emploi et le RSA activité. La prime pour l'emploi était un dispositif fiscal (un impôt négatif) créé sous le gouvernement de Lionel Jospin pour compenser le taux élevé de la CSG qui venait de remplacer des cotisations sociales. Le RSA activité était une prestation sociale complétant le RSA en autorisant un cumul d'une partie du RSA et des revenus d'activité. Si le gouvernement de Manuel Valls s'était donné le temps d'une réflexion d'ensemble sur l'articulation entre le prélèvement à la source (que venait de lancer le président Hollande) et la réforme des deux dispositifs de soutien aux revenus modestes qui était en discussion à l'Assemblée au même moment, il est probable que l'on aurait abouti à une évidence : la perspective du prélèvement à terme des deux impôts sur le revenu (IR et CSG) sur la feuille de paie conduit naturellement à se poser la question du remplacement de la prime pour l'emploi par une dégressivité de la CSG, plutôt que sa disparition au profit d'un RSA recalibré. C'est malheureusement le chemin inverse qui fut choisi : le mariage de la carpe et du lapin – de la prime pour l'emploi et du RSA – dans une prime d'activité retenant notamment le critère familial du RSA, totalement orthogonal au critère fiscal de la prime pour l'emploi.

Ce choix avait trois inconvénients. Perdant une partie de son caractère automatique, la prime d'activité risquait d'avoir, comme l'ancien RSA, un taux de recours très insuffisant. Le second inconvénient était de faire apparaître la prime d'activité comme une forme d'assistance pour les salariés au voisinage du Smic, alors qu'il s'agissait tout simplement (comme l'ancienne prime pour l'emploi) du remboursement d'une partie de l'autre impôt sur le revenu, acquitté au premier euro par tous les salariés – la CSG. Enfin, comme nous l'avons déjà souligné, le critère familial du RSA aboutissait à cette absurdité que deux salariés célibataires qui séparément touchaient la prime d'activité pouvaient la perdre s'ils se mariaient.

Pour remédier à ces inconvénients, nous avons déposé avec Jean-Marc Ayrault un amendement au projet de loi de finances pour 2016, remplaçant pour les salariés, au 1er janvier 2017, le versement de la prime d'activité par une réduction automatique et dégressive de la CSG jusqu'à 1,34 Smic. Pour les non-salariés, l'amendement maintenait le versement de la prime d'activité. Pour tenir compte de la jurisprudence du Conseil constitutionnel concernant la dégressivité de la CSG, la régularisation l'année suivante de l'impôt sur le revenu prenait en compte – comme la prime pour l'emploi – le revenu fiscal de référence du foyer.

Même s'ils n'osaient pas s'opposer trop ouvertement à un amendement soutenu très largement par les parlementaires de la majorité, les ministres de Bercy et la ministre des Affaires sociales n'y étaient pas favorables. La prime d'activité était en effet le fruit d'un consensus conservateur entre les deux administrations respectives. L'administration de Bercy était satisfaite de se débarrasser de la prime pour l'emploi et ne voulait pas se mêler de la CSG, dont elle n'assurait pas le recouvrement. Celle des Affaires sociales voulait conserver ses prérogatives sur les prestations versées aux plus modestes plutôt que d'accepter un dispositif automatique, même si la conséquence risquait d'être un taux élevé de non-recours.

Voté par plus de 60 % des députés présents en séance malgré un avis du gouvernement « ne pouvant pas être favorable », mais s'en remettant curieusement au vote de l'Assemblée[1], le dispositif sera censuré par le Conseil constitutionnel au motif d'une inégalité de traitement entre salariés et non-salariés. Pourtant, la

1. Dans la tradition de l'Assemblée nationale, quand le gouvernement donne un avis favorable, c'est un appel à voter pour ; un avis défavorable est un appel à voter contre et quand il ne donne pas d'avis et s'en remet au vote de l'Assemblée, la formule usuelle est « s'en remettre à la sagesse de l'Assemblée ».

différence de traitement n'était que dans les modalités de versement de la prime d'activité et le Conseil constitutionnel n'hésita pas autrefois à valider le taux réduit de CSG qui ne bénéficiait qu'aux retraités et aux chômeurs non imposables[1] ou la défiscalisation des heures supplémentaires qui ne bénéficiait pas aux non-salariés. Comment considérer que cette différence entre salariés et non-salariés serait naturelle s'agissant des heures supplémentaires et ne le serait plus s'agissant d'un versement sur la feuille de paie, alors que celle-ci n'a pas plus d'existence pour les non-salariés que les heures supplémentaires ?

Il est enfin un dernier domaine où le bricolage a encore complexifié notre système redistributif. Avant les réformes de 2013, l'ensemble des aides familiales (RSA, allocation logement, allocation de rentrée scolaire, complément familial et quotient familial) représentait, pour une famille de trois enfants, 800 € par mois pour un revenu familial de 1 Smic. Ce montant diminuait jusqu'à 600 € pour un revenu atteignant 4 Smic puis augmentait fortement jusqu'à 1 100 € pour un revenu familial supérieur à 7,5 Smic, du fait du quotient familial.

Les réformes intervenues depuis 2013 (majoration de 25 % du complément familial entre 2014 et 2018, abaissement à 1 500 € par part du plafond du quotient familial depuis 2014, modulation des allocations familiales à partir de 2015) conduisirent à un soutien à la famille plus important pour les foyers les plus modestes (900 € pour un revenu de 1 Smic) et à peu près constant pour les autres (700 € en moyenne).

Il aurait été plus cohérent d'abaisser encore le plafond du quotient familial tout en conservant le caractère universel et indépendant du revenu des allocations familiales. En permettant sans

1. Thomas Piketty, « Retour sur la censure de l'amendement Ayrault-Muet », blog sur lemonde.fr, 31 décembre 2015.

transferts importants de remplacer le quotient familial par un crédit d'impôt par enfant comme cela existe dans presque tous les pays, la réforme aurait été plus cohérente avec l'universalité de notre protection sociale et avec la modernisation de notre imposition des revenus.

Un coup politique : le prélèvement à la source pour le mandat suivant

En avril 2015, Jean-Marc Ayrault me propose de travailler avec lui à un ouvrage sur le prélèvement à la source avec l'objectif de le publier à la Fondation Jean-Jaurès lors de l'université d'été du Parti socialiste fin août[1]. Lorsqu'il avait lancé la remise à plat de la fiscalité, j'avais commencé à travailler sur le prélèvement à la source, dans l'idée de publier sur ce sujet au moment où le groupe de travail déboucherait. La question ayant été enterrée avec le changement de Premier ministre, j'avais remisé le sujet pour des jours meilleurs. Avec cet ouvrage, nous voulions forcer le destin et faire en sorte qu'il reste au moins quelque chose de ce quinquennat si décevant. Après tout, François Hollande, qui adore lancer des ballons d'essai en laissant au hasard et à la nécessité le soin de les faire éventuellement rebondir, avait évoqué en décembre 2014 devant des membres de la commission des finances reçus à l'Élysée plusieurs chantiers sur lesquels les députés de la majorité étaient invités à réfléchir, parmi lesquels figurait le prélèvement à la source.

Nous commençons une série d'auditions d'économistes, de juristes, de représentants des syndicats et du patronat, ainsi que

1. Jean-Marc Ayrault et Pierre-Alain Muet, *Pour un impôt juste, prélevé à la source*, Paris, Fondation Jean-Jaurès, 2015.

des présidents et des rapporteurs des différents rapports parlementaires ou administratifs ayant porté sur ces sujets. Auditionnant François Auvigne, qui avait été coauteur en 2006 d'un rapport à Thierry Breton préconisant la mise en œuvre du prélèvement à la source, je lui demande pourquoi il avait changé à ce point d'avis dans son rapport remis à Manuel Valls. Il me confia qu'il était toujours favorable au prélèvement à la source, que celui-ci avait encore plus de pertinence depuis la mise en chantier de la déclaration sociale nominative (DSN) des entreprises qui permettrait à l'administration fiscale de connaître mensuellement l'ensemble des revenus des contribuables, mais que la composition du groupe de travail ne pouvait qu'aboutir à renvoyer dos à dos les partisans et les adversaires du prélèvement à la source.

Les auditions commençant à faire circuler l'information selon laquelle Jean-Marc Ayrault s'attelait à nouveau à la réforme fiscale, Bercy commença à s'inquiéter. Je me souviens d'un échange avec Michel Sapin où il me dit : « Je sais que tu travailles avec Jean-Marc sur le prélèvement à la source ; c'est un sujet délicat à Bercy, je ne voudrais pas me retrouver dans la situation de Christian Sautter en mars 2000. » Christian Sautter avait dû démissionner à la suite de la grève des fonctionnaires opposés au projet de transfert des attributions fiscales de la Direction de la comptabilité publique à la Direction des impôts (transfert qui deviendra la fusion des deux directions en 2007).

Avec Jean-Marc Ayrault, notre conviction était que des deux justifications traditionnelles du prélèvement à la source – les économies de gestion de l'impôt et l'intérêt pour le contribuable d'un impôt en temps réel sur le revenu courant – la première n'était plus d'actualité, tandis que la pertinence de la seconde était accrue avec la déclaration sociale nominative (DSN). Les économies de gestion avaient en effet déjà été réalisées avec la mensualisation et le traitement informatisé de l'impôt et c'était d'ailleurs l'un des arguments qu'avançait l'administration fiscale pour considérer que le prélèvement à la source n'était plus d'actualité. Pour le contribuable, le prélèvement à la source de l'impôt comportait en revanche trois avantages que la DSN amplifiait : la simplicité du prélèvement, l'ajustement rapide à sa situation financière et la facilité de gestion. Alors que dans tous les pays pratiquant depuis longtemps le prélèvement à la source, le taux appliqué au revenu courant était au mieux celui de l'année précédente, nécessitant une régularisation parfois importante l'année suivante, la DSN pouvait permettre un ajustement presque instantané de l'impôt au revenu perçu (voir chapitre 11).

Parallèlement, le Parti socialiste avait lancé la préparation de son congrès en février 2015 par un nombre impressionnant de contributions générales dont celle du premier secrétaire Jean-Christophe Cambadélis. La contribution de Martine Aubry, « Pour réussir », insistait sur la réorientation de la politique économique et la remise en chantier de la réforme fiscale. Voulant à tout prix obtenir le soutien de Martine Aubry dès l'ouverture du congrès, Jean-Christophe Cambadélis accepta, dans la motion majoritaire présentée à la mi-avril, tous les amendements que lui proposaient Martine Aubry et Jean-Marc Germain :

– la réorientation vers les ménages des 15 milliards d'euros du « pacte de responsabilité » restant à utiliser ;

– l'engagement du chantier de l'impôt citoyen « dès le projet de budget pour 2016 par un prélèvement à la source de l'impôt sur le revenu et une réduction de la CSG sur les premières tranches de revenus » ;

– et même la reprise de la conclusion de la contribution de Martine Aubry : « La crise de 2008, la plus grave depuis 1929, a montré que la troisième voie n'en était pas une pour la gauche. L'avenir n'est pas le social-libéralisme. Car à la fin, il reste le libéralisme sans le social. »

Cela ne changera pas l'orientation de la politique de Manuel Valls qui, comme François Hollande, Jacques Chirac et bien d'autres, fait siennes les phrases célèbres d'Henri Queuille : « Les promesses n'engagent que ceux qui les écoutent » et « La politique n'est pas l'art de résoudre les problèmes, mais de faire taire ceux qui les posent ». Sauf sur un point : le prélèvement à la source.

Le 20 mai, quelques jours avant le congrès du PS, le porte-parole du gouvernement Stéphane Le Foll laissa entendre que « le gouvernement [allait] engager le prélèvement à la source de l'impôt sur le revenu, première étape d'une modernisation de notre imposition », phrase reprise dans les mêmes termes par Manuel Valls le 6 juin dans son discours au congrès de Poitiers du Parti socialiste. Le dimanche 7 juin, sur France Inter, Michel Sapin précisera que « pour pouvoir être prélevé à la source [...] en 2018, il faut effectuer toute une série d'opérations avant ». Prélèvement à la source certes, mais pas pendant le mandat ! C'est ainsi que François Hollande réitérera à sa façon le coup politique de Nicolas Sarkozy : annoncer pour le mandat suivant la réforme majeure qui aurait dû être prise au début de son mandat.

Chapitre 4

L'impôt et le citoyen : un retour sur l'histoire

Dans une démocratie, l'impôt doit être accepté par le citoyen : c'est son consentement. Pour être accepté, il doit être perçu par le contribuable comme équitable en fonction des ressources de chacun : c'est la justice fiscale. Il doit être compréhensible et prélevé de façon simple et si possible au moment où sont perçus les revenus. Chacune de ces notions a une longue histoire, marquée par l'évolution générale des idées philosophiques, économiques, sociales et par les grandes avancées démocratiques.

Si l'on considère l'impôt sur le revenu tel qu'il apparaît aujourd'hui en France comme dans la plupart des pays, sa naissance remonte aux lois Caillaux de 1907. Mais si l'on considère la relation entre le citoyen et l'impôt, notamment le consentement à l'impôt qui s'exprime par le vote du Parlement, et la capacité contributive de chacun qui en détermine le fondement, c'est incontestablement à la Révolution et plus précisément à la Déclaration des droits de l'homme et du citoyen de 1789 qu'il faut remonter. Car la naissance de l'impôt moderne est indissociable de celle des Parlements.

En Angleterre, en France et aux États-Unis, le consentement à l'impôt a été étroitement lié à la naissance et au développement du rôle des Parlements. L'exemple anglais est à ce point marquant que beaucoup de traités de finances publiques – y compris en France – commencent par l'histoire britannique, avant d'aborder la version moderne du consentement à l'impôt, brillamment défini dans la Déclaration des droits de l'homme et du citoyen.

Les articles 13 et 14 de la Déclaration des droits de l'homme et du citoyen, rappelés dans toutes les décisions fiscales du Conseil constitutionnel, constituent en effet le fondement du contrôle démocratique de l'impôt et des dépenses publiques délégué par les citoyens à leurs représentants. Mais surtout, on ne peut comprendre l'histoire tourmentée de l'impôt sur le revenu dans notre pays sans revenir, même rapidement, sur le lien étroit qui vit naître simultanément l'impôt moderne et la démocratie.

Le consentement à l'impôt et la naissance des Parlements

« On a de temps immémorial reconnu comme loi fondamentale de l'Angleterre que le roi ne peut imposer de taxes sans le consentement du Parlement[1] », écrivait Macaulay dans son histoire de l'Angleterre. En 1215, la nécessité de lever l'impôt conduit en effet le roi d'Angleterre Jean sans Terre à concéder à ses barons la Grande Charte (*Magna Carta*), qui l'oblige à obtenir l'accord d'un Grand Conseil avant de créer de nouveaux impôts. Ce Grand Conseil est constitué des principaux barons auxquels s'ajouteront ultérieurement les représentants des bourgeois de Londres. Un siècle plus tard, le Grand Conseil va

1. Lord Macaulay, *Essais sur l'histoire de l'Angleterre*, Paris, 1854. Le rôle de l'impôt dans le développement du parlementarisme anglais est traité dans de nombreux ouvrages, par exemple le chapitre 1 de René Stourm, *Le Budget*, Paris, Alcan, 1906 (disponible en numérique).

prendre le nom de Parlement, inspiré des parlements français[1], d'autant plus naturellement que le français est langue officielle du Royaume d'Angleterre à cette époque.

Un siècle plus tard, les mêmes raisons vont conduire en France à la création des États généraux. Le principe de l'État médiéval selon lequel « le roi doit vivre du sien », c'est-à-dire des seuls revenus de son domaine, est battu en brèche par la nécessité d'obtenir des ressources pour financer les guerres. En 1302, le roi de France Philippe le Bel crée et convoque les États généraux pour résoudre le conflit qui l'oppose au pape Boniface VIII au sujet de l'impôt exceptionnel sur le clergé – la décime – qu'il veut lever pour financer une armée et une marine. Ainsi, comme en Angleterre un siècle plus tôt, les États généraux vont être convoqués dans des situations exceptionnelles pour consentir à l'impôt ou régler des problèmes dynastiques.

Les représentants de la bourgeoisie vont prendre progressivement de l'importance, alors qu'ils n'étaient souvent pas convoqués dans les premières assemblées. Leur présence au Parlement anglais et aux États généraux résulte moins de la volonté du souverain de réunir les représentants de la nation que de celle d'associer les futurs contributeurs aux impôts qu'ils entendent lever. Dans les deux nations, les rois vont essayer de limiter les rôles des « assemblées » et ils s'en passeraient volontiers s'ils n'avaient besoin d'y recourir pour financer des dépenses exceptionnelles comme celles occasionnées par les guerres. Car, à cette époque, les impôts sont toujours des ressources exceptionnelles et la convocation par le souverain des « assemblées » dans les deux nations n'a pas d'autre périodicité que celle des besoins d'argent du souverain.

1. Un parlement de l'Ancien Régime est une cour de justice composée de magistrats ayant une fonction de cour d'appel. Le Parlement de Paris a été créé vers 1250, les parlements de province à partir du XVe siècle.

À partir du XVe siècle le fonctionnement des deux monarchies va profondément diverger, l'Angleterre avançant progressivement vers le parlementarisme, la France vers l'absolutisme et la Révolution. Et, là encore, c'est l'impôt qui va jouer un rôle essentiel dans cette divergence.

En 1435 et 1439, le roi de France Charles VII obtient des États généraux l'instauration d'impôts permanents pour financer une armée permanente. Les États généraux demanderont par la suite à être consultés pour consentir à l'impôt mais leur revendication ne sera jamais entendue : c'est le droit royal d'imposer qui triomphera et, pour le conforter, le roi déléguera à certaines villes ou à certaines assemblées provinciales la possibilité de lever leurs propres impôts. Comme l'exprimera Tocqueville dans *L'Ancien Régime et la Révolution* : « [...] du jour où la nation [...] permit aux rois d'établir un impôt général sans son concours, et où la noblesse eut la lâcheté de laisser taxer le tiers état pourvu qu'on l'exceptât elle-même ; de ce jour-là fut semé le germe de presque tous les vices et de presque tous les abus qui ont travaillé l'Ancien Régime pendant le reste de sa vie et ont fini par causer violemment sa mort ».

L'Angleterre va connaître une évolution très différente. Le Parlement anglais, qui était à l'origine – comme les parlements locaux de l'Ancien Régime en France – essentiellement une juridiction, va accroître progressivement son rôle législatif, à l'occasion des multiples conflits qui vont l'opposer à la royauté sur la question fiscale. En s'opposant parfois de façon violente à la volonté royale de lever des impôts sans son accord, le Parlement anglais s'emparera progressivement du pouvoir, étendant ses prérogatives aux lois en général et jetant les bases d'une démocratie moderne.

Des velléités d'absolutisme inspirées des souverains français naîtront en réaction les textes fondamentaux de la monarchie parlementaire britannique : la « Pétition des droits » imposée en 1628 par le Parlement à Charles Ier (qui sera exécuté quelques années plus tard) ; la couronne d'Angleterre offerte à la fille du roi déchu Jacques II et à son époux Guillaume d'Orange en contrepartie de l'adoption de la déclaration des droits « *Bills of Right* » ; le refus opposé quelques années plus tard au même Guillaume d'Orange de lui accorder des revenus à vie, comme l'avait fait la France. Le Parlement votera alors des budgets pour quelques mois, voire un an, obligeant le roi à en appeler à chaque fois au Parlement, de sorte que celui-ci deviendra une institution permanente. Enfin, une commission parlementaire sera mise en place pour effectuer l'audit des taxes et impôts consentis à la Couronne.

C'est encore le consentement à l'impôt, mais cette fois contre le Parlement anglais, qui va être à l'origine de la révolution américaine et de la fondation des États-Unis. En 1765, le Parlement d'Angleterre veut faire contribuer ses colonies d'Amérique aux dépenses de la métropole pour leur protection en établissant un impôt de timbre (*Stamp Act*) sur tous les actes juridiques. Rappelant que « l'assemblée générale de la colonie a seule le droit et le pouvoir d'imposer des taxes sur ses habitants », la colonie de Virginie déclenche une révolte qui se propage à toutes les colonies d'Amérique, conduisant le Parlement anglais à annuler l'impôt en question. Quelques années plus tard, le maintien par le Parlement britannique d'une taxe sur le thé va déclencher, en décembre 1773, la « *Boston Tea Party* ». Rappelant le principe « *no taxation without representation* », la révolution américaine était en marche. Dix ans après la déclaration d'indépendance, les pères fondateurs de la Constitution réunis en 1787 à la Convention de Philadelphie établiront les institutions de la nouvelle république selon une stricte séparation des pouvoirs inspirée de Montesquieu : le président, le Congrès constitué de deux chambres et la Cour suprême. Comme en Angleterre, l'initiative des lois en matière fiscale est réservée à la Chambre des représentants.

Parmi les mesures fiscales adoptées par la nouvelle république, l'une est d'une incroyable actualité aujourd'hui. Pour asseoir une fiscalité fédérale, Alexander Hamilton, fervent fédéraliste et secrétaire au Trésor de George Washington, fait assumer par l'État fédéral toutes les dettes de guerre des différents États. « Il dispose ainsi d'un prétexte – le remboursement de la dette – pour rendre légitime la fiscalité fédérale[1]. » L'Union monétaire européenne aurait été bien inspirée lors de la crise de l'euro de suivre une voie comparable, qui lui aurait permis à la fois de créer une ressource propre au budget européen et d'alléger la dette des États membres.

Les idées des Lumières ont inspiré les constituants américains. Elles vont jouer un rôle comparable dans la Révolution française.

La Révolution et la Déclaration des droits de l'homme et du citoyen

Nous avons abandonné la France à la fin de la guerre de Cent Ans, lorsque le roi de France obtenait des États généraux le droit de créer un impôt permanent. La disparition du principe du consentement va rendre l'impôt particulièrement impopulaire en France. La monarchie s'appuie sur une accumulation d'impôts (la taille, la capitation, le dixième, le vingtième) et de taxes indirectes sur la consommation (la gabelle sur le sel, les aides sur la boisson, les traites sur les échanges), sans compter la corvée

1. Christian Monjou, « Question fiscale et révolution, l'exemple américain », *Regards croisés sur l'économie*, Paris, La Découverte, 2007/1 (en ligne sur cairn.info).

royale payée en journées de travail, qui ont toutes en commun d'être profondément inégalitaires. Les impôts pesaient essentiellement sur les roturiers ; l'Église qui perçoit la dîme est exemptée d'impôt, remplacé par le « don gratuit » au souverain ; quant à la noblesse, elle bénéficie de multiples exemptions.

Le rejet de l'imposition d'Ancien Régime est tel qu'il occupera la majorité des revendications des cahiers de doléances des États généraux de 1789. Et le droit royal à lever l'impôt sans avoir à le demander aux États généraux, que les autres souverains européens rêvaient d'imiter, conduira en fait à la disparition d'une monarchie incapable de se réformer. En l'absence de consultation des États généraux (qui ne furent jamais réunis entre 1614 et 1789), aucune réforme de l'impôt ne pourra être mise en œuvre malgré l'abondance de propositions. En janvier 1776, Turgot convainc Louis XVI de remplacer la corvée par un impôt foncier. Quatre mois plus tard, cédant aux pressions des privilégiés, le roi le renvoie. « N'oubliez pas, Sire, que c'est la faiblesse qui a mis la tête de Charles Ier sur le billot », écrira-t-il dans un courrier prémonitoire.

En l'absence de réunion des États généraux, les parlements d'Ancien Régime, qui n'ont pas de pouvoir fiscal, vont utiliser leur compétence d'enregistrement pour bloquer toute réforme et contraindre la monarchie à convoquer les États généraux en 1789.

Quel rôle eut l'impôt dans la Révolution française ? Pour Jaurès [1], la crise financière, qui conduisit à la convocation des États généraux, aura surtout un rôle de détonateur d'une crise beaucoup plus profonde. Car la situation financière aurait pu être résolue en faisant contribuer les deux ordres qui ne payaient presque rien. D'où vient alors que « d'une crise budgétaire en

1. Jean Jaurès, *Histoire socialiste de la Révolution française*, Paris, Éditions sociales, 1968, annoté par Albert Soboul, t. I, p. 99-103 (également sur Internet).

apparence assez limitée sorte une crise sociale et humaine aussi grandiose ? ». De deux grandes forces qui ont multiplié l'intensité des événements : « La nation française était arrivée à maturité intellectuelle [...] et la bourgeoise française avait pris conscience de sa force, de sa richesse, de son droit. »

La Révolution, fille des Lumières et d'un développement économique et social incompatible avec un système politique hérité de la féodalité, ne se contenta pas d'effacer l'Ancien Régime, elle créa en quelques mois les fondements d'une démocratie moderne. Le 17 juin 1789, un mois après la réunion à Versailles des États généraux, les députés du tiers état, considérant qu'ils représentent « les quatre-vingt-seize centièmes au moins de la nation », se proclament Assemblée nationale. L'Assemblée déclare aussitôt autoriser provisoirement la perception des impôts, marquant ainsi le partage de la souveraineté entre le roi et la Nation. Trois jours plus tard, le 23 juin, dans la salle du Jeu de paume, ses membres font le serment de « ne jamais se séparer [...] jusqu'à ce que la constitution fût établie et affermie sur des bases solides ».

Le 9 juillet, le comité chargé de préparer la rédaction de la Constitution propose de placer une Déclaration des droits de l'homme en préambule de la Constitution, une place qu'elle occupe à nouveau depuis les Constitutions de 1946 et 1958. Au milieu des événements révolutionnaires qui se déroulent à Paris et en province en cet été 1789, l'Assemblée consacrera quelques séances aux débats sur l'opportunité d'une Déclaration des droits préalable à la rédaction d'une Constitution. Et, le 4 août, avant d'abolir les droits féodaux dans la célèbre nuit, elle déclare à la quasi-unanimité que la Constitution sera précédée de la Déclaration des droits de l'homme et du citoyen. Le principe étant retenu, reste à élaborer un texte à partir de la vingtaine de propositions qui seront soumises à l'Assemblée, à le discuter et à le voter ; ce sera chose faite le 26 août 1789.

Non seulement la Déclaration des droits de l'homme et du citoyen constitue une référence universelle qui inspirera de nombreuses constitutions et, un siècle et demi plus tard, la Déclaration universelle des droits, mais elle fonde de façon magistrale le principe d'égalité devant l'impôt et celui de son consentement à travers les articles 13 et 14 :

– article 13 : « Pour l'entretien de la force publique, et pour les dépenses d'administration, une contribution commune est indispensable : elle doit être également répartie entre tous les citoyens, en raison de leurs facultés. »

– article 14 : « Tous les citoyens ont le droit de constater, par eux-mêmes ou par leurs représentants, la nécessité de la contribution publique, de la consentir librement, d'en suivre l'emploi et d'en déterminer la quotité, l'assiette, le recouvrement et la durée. »

Ces deux articles, rappelés dans presque toutes les décisions fiscales du Conseil constitutionnel, se traduisent aujourd'hui chaque année par le vote de l'article premier de la loi de finances qui « autorise, pour l'année, la perception des ressources de l'État et des impositions de toute nature ».

L'égalité devant l'impôt était une revendication essentielle des cahiers de doléances. La première condition de l'égalité devant l'impôt était l'universalité de celui-ci. Le choix du terme « contribution » n'était pas neutre ; non seulement il évitait le terme impôt tant décrié dans l'Ancien Régime, mais il affirmait que le paiement n'était plus imposé par la seule volonté du souverain, mais librement consenti par les citoyens par le vote de leurs représentants.

Proportionnalité ou progressivité ?

Pour beaucoup de constituants, la phrase « répartie entre tous les citoyens en raison de leurs facultés » faisait implicitement référence à une fiscalité proportionnelle au revenu. C'est en effet dans des termes voisins qu'Adam Smith en 1776 avait défini l'impôt idéal : « Les sujets d'un État doivent contribuer au soutien du gouvernement, chacun le plus possible en proportion de ses facultés, c'est-à-dire en proportion du revenu dont il jouit sous la protection de l'État. » Mais comme le montrera le débat à la Convention et, bien avant, les réflexions de Montesquieu, Rousseau et Condorcet, la prise en compte du minimum de subsistance dans les facultés contributives justifiait déjà à l'époque un impôt progressif.

Dans *De l'esprit des lois*, Montesquieu expliquait dès 1748 : « Dans l'impôt sur la personne, la proportion injuste serait celle qui suivrait la proportion des biens[1]. » Prenant l'exemple d'Athènes où la taxe augmentait avec la richesse de chacun, il écrivait :

> « La taxe était juste, quoiqu'elle ne fût point proportionnelle, si elle ne suivait pas la proportion des biens elle suivait la proportion des besoins. On jugea que chacun avait un nécessaire physique égal et que ce nécessaire ne devait point être taxé, que l'utile venait ensuite et qu'il devait être taxé, mais moins que le superflu et que la grandeur de la taxe sur le superflu empêchait le superflu. »

Dix ans avant la parution de l'ouvrage d'Adam Smith, Jean-Joseph-Louis Graslin, s'inspirant de Montesquieu, avait proposé dans un mémoire publié à Londres en 1767[2] de diviser les reve-

1. *De l'esprit des lois* (1748), Livre III, chapitre V, Paris, Flammarion, « GF », t. 1, p. 359.

2. *Essai analytique sur la richesse et sur l'impôt*, Londres, 1767. Mémoire en réponse au concours de la Société royale d'agriculture de Limoges sur l'incidence de l'impôt. Il y développera une critique de la doctrine des physiocrates .

nus en dix tranches et de leur appliquer des taux allant de 5 à 75 %. Évoquant l'impôt sur les loyers, Smith concédait d'ailleurs « qu'il n'y aurait peut-être rien de déraisonnable que les riches contribuent aux dépenses de l'État, non seulement à proportion de leur revenu mais encore de quelque chose au-delà de cette proportion ».

Condorcet, qui aura en 1793 une influence prépondérante dans les travaux du « Comité de constitution » de la Convention, se souvenant du mathématicien qu'il avait été, en donnera une définition rigoureuse dans son ouvrage sur l'impôt progressif[1] : « un impôt qui augmente plus qu'en proportion de la matière imposée ». Il anticipera même la théorie de l'utilité marginale qui, au siècle suivant, donnera le fondement le plus rigoureux à la progressivité de l'impôt : « Les dépenses publiques ne sont pas toutes rigoureusement nécessaires ; il en est qui ne sont qu'utiles ; et, dans ce cas, elles ont pour limites le point où l'utilité de la dépense devient égale au mal produit par la contribution. Or, il existe des dépenses dont l'utilité n'est au-dessus des privations occasionnées par l'impôt que pour ceux auxquels il n'ôte qu'un véritable superflu. » L'idée de préserver les revenus nécessaires à la subsistance est au cœur des propositions d'impôt progressif faites à la Convention[2]. Condorcet propose un abattement égal pour tous et explique qu'un impôt proportionnel sur l'excédent du revenu sur la fraction non imposable suffit à rendre l'ensemble de l'impôt progressif.

Robespierre reprend une idée voisine dans sa proposition de Déclaration des droits le 24 avril 1793 : « Les citoyens dont les

1. *L'Impôt progressif*, 1791 ou 1792 selon les sources.

2. Voir l'excellente synthèse de Jean-Marie Monnier, « La justice fiscale entre tensions et débats », *Pouvoirs locaux*, Paris, La Documentation française, 2012, p. 54-58.

revenus n'excèdent point ce qui est nécessaire à leur subsistance doivent être dispensés de contribuer aux dépenses publiques, les autres doivent les supporter progressivement selon l'étendue de leur fortune. » Mais, se rendant compte que « cette exonération serait injurieuse pour le peuple », à la différence de l'abattement de Condorcet qui s'applique à tous, il invente un dispositif compliqué de versement et remboursement. La Déclaration des droits finalement adoptée ne retient rien de ce débat pourtant extraordinairement moderne et, de toute façon, comme la Constitution de 1793 qui l'accompagne, elle ne sera jamais appliquée.

La Convention a beau débattre et même voter à un moment donné « l'impôt gradué et progressif sur le luxe et les richesses tant foncières que mobilières », la fiscalité effective issue de la Révolution sera au mieux proportionnelle. Inspirée des physiocrates, elle prendra l'exact contrepied de celle de l'Ancien Régime[1].

Les impôts de la Révolution : une fiscalité inspirée des physiocrates

Le Comité des impositions de la Constituante, auquel participait Pierre Dupont de Nemours, chargé d'établir les bases du système d'impositions directes, était profondément influencé par la pensée des physiocrates. Comme l'exprimera La Rochefoucauld dans son rapport à la Constituante : « La terre, source unique de toutes les richesses, fournit également toutes les contributions. » L'impôt

1. Mireille Touzery, « Révolution : les constituants implantent la fiscalité des physiocrates », in *L'Invention de l'impôt sur le revenu, La taille tarifée 1715-1789*, Vincennes, Comité pour l'histoire économique et financière de la France, 1994.

foncier fut ainsi la cheville ouvrière du nouveau système fiscal. Pour les physiocrates (Quesnay, Mirabeau, Turgot, Dupont de Nemours), seule l'agriculture est productrice de valeur nette (l'industrie ne produit pas de valeur !). De ce fait, en vertu de la théorie de l'incidence selon laquelle tout impôt assis sur les coûts de production (salaires, consommations intermédiaires…) ou sur le produit (impôts indirects) se répercute en totalité sur la seule production nette – l'agriculture –, l'impôt, qu'il soit perçu de façon directe ou indirecte, est toujours en dernière analyse supporté par les propriétaires fonciers. Les physiocrates plaident donc pour un impôt direct sur les revenus de la propriété foncière et la suppression des impôts indirects.

Dans *L'Homme aux quarante écus*, Voltaire raillera de façon magistrale la pensée physiocratique, qui imprégnera cependant pendant près d'un siècle la théorie fiscale. C'est ainsi que plus d'un siècle plus tard, en 1908, lors du long débat à l'Assemblée sur la création de l'impôt sur le revenu, répondant au député Aimond qui évoquait le principe de l'incidence, Joseph Caillaux citera *L'Homme aux quarante écus*[1].

Sur les quatre impôts créés par la Révolution, trois porteront sur la propriété foncière. La Révolution abolira tous les impôts indirects et, s'agissant des impôts directs, elle refusera une fiscalité personnelle en imposant les biens du contribuable et non la personne : « C'est la propriété seule qui est chargée de la contribution, le propriétaire n'étant qu'un agent qui l'acquitte », énoncera une instruction de 1790. Elle établira quatre nouveaux impôts, dénommés « les quatre vieilles » en raison de leur exceptionnelle longévité :

– la patente, payée par les commerçants, artisans et industriels, transformée deux siècles plus tard en taxe professionnelle ;

1. *Journal officiel*, séance du 25 mai 1908, p. 1046.

– la contribution foncière due par les propriétaires, en vigueur encore aujourd'hui dans sa composante locale ;

– la « contribution personnelle mobilière » payée sur la valeur locative de l'habitation principale, devenue un impôt local, la taxe d'habitation ;

– enfin, la contribution des portes et fenêtres instaurée sous le Directoire, mesurant la richesse – visible de l'extérieur – au nombre de portes et fenêtres de l'habitation et payée par l'occupant de la maison.

La déclaration de revenus était remplacée par un inventaire des biens réels du contribuable, tous assujettis aux mêmes modalités fiscales. Aucune des contributions ne portait sur les revenus effectifs et elles seront au mieux proportionnelles quand elles porteront sur une assiette déterminée. Cette imposition ne reposait pas en effet à l'origine sur une assiette déterminée avec un taux fixé (imposition dite de quotité comme aujourd'hui), mais sur un système de « répartition » où l'État fixait chaque année le montant des recettes que devait rapporter chacune des contributions. Comme le souhaitaient les cahiers de doléances, les constituants avaient supprimé toute administration fiscale pour confier la gestion et le recouvrement de l'impôt à des assemblées locales : c'était la traduction la plus éclatante du consentement à l'impôt. Mais assez rapidement celle-ci dut être reconstituée et le sera pleinement sous Bonaparte.

La longévité exceptionnelle des « quatre vieilles » s'est perpétuée bien au-delà de la création de l'impôt progressif sur le revenu. Surtout, ces contributions subsistent encore aujourd'hui pour les collectivités locales, sur une base assez voisine, avec tous les problèmes inhérents à des valeurs locatives rarement révisées.

On peut trouver paradoxal aujourd'hui que la Révolution, qui a fondé le consentement à l'impôt sur « les facultés contributives des citoyens », ait introduit une fiscalité sur les biens plutôt que sur les revenus. D'une part, dans une société essentiellement agricole, il était difficile d'évaluer le revenu, et plus encore dans une économie où l'impôt indirect venait d'être supprimé. D'autre part, l'impôt personnel sur le revenu – la taille tarifée –, reposant sur une déclaration de revenus expérimentée depuis Louis XIV, était le symbole des inégalités de l'Ancien Régime puisque les nobles et le clergé en étaient exemptés. La critique de cet impôt injuste remplissait d'ailleurs les cahiers de doléances de 1789. Comme le rappelle Mireille Touzery[1], la suppression en 1790 de ce premier impôt sur le revenu, symbole des inégalités de l'Ancien Régime, fut un combat de la gauche. Un siècle plus tard, le rétablissement d'un véritable impôt sur le revenu payé par tous les citoyens fut le nouveau combat de la gauche.

Mais surtout, les réflexions sur la justice fiscale développées notamment dans le prolongement de la pensée économique marginaliste vont changer profondément la notion de capacité contributive, ouvrant la voie à la progressivité de l'impôt.

1. Mireille Touzery, *L'Invention de l'impôt sur le revenu, La taille tarifée 1715-1789*, *op. cit.*, et article dans *L'Humanité Dimanche* du 27 février 1997.

Chapitre 5

Justice fiscale et progressivité : les débats du XIXe siècle

La révolution de la théorie économique de l'utilité marginale, qui n'atteindra la France que beaucoup plus tard, va profondément bouleverser la notion de justice fiscale, fondant de façon rigoureuse ce que les philosophes des Lumières avaient pressenti un siècle auparavant : on ne pouvait pas taxer au même taux le nécessaire et le superflu.

Justice fiscale et progressivité : un changement radical dans la pensée économique

L'émergence du débat sur la progressivité de l'impôt à partir de la seconde moitié du XIXe siècle traduit un changement profond de la notion de « capacité contributive » et de justice fiscale, sous la double influence de la théorie économique de l'utilité marginale et des thèses « solidaristes », portées notamment en France par l'économiste Charles Gide, et par le président du Conseil radical Léon Bourgeois.

En matière de justice fiscale, deux doctrines s'affrontaient et s'affrontent encore aujourd'hui[1] : la « doctrine du bénéfice »

1. Jean-Marie Monnier, « La justice fiscale entre tensions et débats », art. cit.

et celle des « facultés contributives ». Pour les tenants de la doctrine du bénéfice, il doit y avoir équivalence entre la charge fiscale supportée par le contribuable et les avantages qu'il retire de l'action publique, ce qui conduit à rechercher le « prix fiscal » d'un service public, en assimilant les biens publics aux biens privés. Or ce qui distingue un bien public d'un bien privé, c'est qu'on ne peut exclure personne de sa consommation : la fonction de protection assurée par un gouvernement bénéficie à chacun quelle que soit sa contribution aux ressources.

Comme le souligne l'économiste britannique John Stuart Mill dans sa critique de la théorie des bénéfices, les pauvres ont probablement beaucoup plus besoin de cette protection que les riches. La doctrine du bénéfice devrait donc avoir pour conséquence qu'ils acquittent une plus grande part du prix fiscal, ce qui est à l'opposé de l'idée de justice distributive.

Pour la doctrine des facultés contributives, au contraire, l'impôt n'est pas lié aux avantages que retirent les citoyens de l'action publique, mais aux facultés qu'ils ont d'y contribuer par leur revenu ou par les biens dont ils disposent : la justice fiscale est l'égalité dans la contribution de chacun en fonction de ses facultés.

Le débat « progressivité ou proportionnalité de l'impôt », qui avait été déjà évoqué au siècle précédent par les philosophes des Lumières et les membres de la Convention, va très largement occuper la seconde moitié du XIXe siècle et conduire, sous l'impulsion de la théorie marginaliste, à une conception de la justice fiscale fondée sur les sacrifices consentis par chacun pour cette participation. Appliquée au revenu, la théorie économique de l'utilité marginale exprime en effet que plus le revenu est élevé, plus l'utilité du revenu supplémentaire est faible et plus le sacrifice consenti par celui qui est privé de ce revenu supplémentaire est faible. La justice fiscale, c'est-à-dire l'égalité des sacrifices entre les citoyens, doit donc reposer sur des taux d'imposition marginaux qui augmentent avec le revenu. C'est en définitive la justice fiscale, plus que la volonté de redistribution, qui fonde la progressivité de l'impôt.

La pensée économique d'inspiration libérale enrichie par la théorie de l'utilité marginale va conduire dans les pays anglo-saxons à la création de l'impôt progressif sur le revenu, alors que les libéraux français deviendront à partir de la seconde moitié du XIXe siècle des ultra-conservateurs. Cette évolution séculaire explique que le même mot – libéral – puisse avoir une connotation de gauche dans le monde anglo-saxon et de droite en France.

Les libéraux français : de la Révolution au conservatisme

Cette évolution est d'autant plus étonnante que le plus important des économistes libéraux français, Jean-Baptiste Say (1767-1832), lecteur assidu d'Adam Smith et proche des Girondins pendant la Révolution, avait été l'un des premiers à développer cette nouvelle conception de la justice fiscale. S'il considère que « les meilleurs impôts ou plutôt les moins mauvais sont les plus modérés quant à leur quotité [...] un impôt exagéré détruit la base sur laquelle il porte », il s'exprimera clairement en faveur de la progressivité de l'impôt, anticipant en quelque sorte les thèses marginalistes sur la justice fiscale.

Dans le livre 3 de son *Traité d'économie* publié en 1802, il écrit :

> « L'impôt est un sacrifice que l'on fait à la société, à l'ordre public ; l'ordre public ne peut exiger le sacrifice des familles. Or c'est les sacrifier que leur ôter le nécessaire. Qui osera

soutenir qu'un père doit retrancher un morceau de pain, un vêtement chaud à ses enfants, pour fournir son contingent au faste d'une cour [...].

En effet, et en supposant l'impôt purement proportionnel au revenu, d'un dixième par exemple, il enlèverait à une famille qui possède 300 000 francs de revenu, 30 000 francs. Cette famille en conserverait 270 000 à dépenser par an, et l'on peut croire qu'avec un pareil revenu, non seulement elle ne manquerait de rien, mais qu'elle se conserverait encore beaucoup de ces jouissances qui ne sont pas indispensables pour le bonheur ; tandis qu'une famille qui ne posséderait qu'un revenu de 300 francs, et à qui l'impôt n'en laisserait que 270, ne conserverait pas, dans nos mœurs, et au cours actuel des choses, ce qui est rigoureusement nécessaire pour exister. On voit donc qu'un impôt qui serait simplement proportionnel, serait loin cependant d'être équitable. »

Et après avoir cité la phrase de Smith évoquant la possibilité d'une contribution plus que proportionnelle pour les plus riches, il conclut : « J'irai plus loin, et je ne craindrai pas de prononcer que l'impôt progressif est le seul équitable. »

Enfin, il prône l'utilisation de la fiscalité pour « décourager et rendre plus rares les dépenses du vice et de la vanité ».

De l'analyse magistrale de Jean-Baptiste Say, les économistes libéraux, depuis le milieu du XIXe siècle jusqu'à aujourd'hui, ne retiendront que le plaidoyer pour l'impôt minimum.

Les successeurs de Jean-Baptiste Say, à commencer par son petit-fils Léon Say (1826-1896), ministre des Finances puis président du Sénat, défendront dans les premières années de la IIIe République une vision réformatrice, avant de s'opposer à tout ce qui pourrait apparaître comme une ingérence de l'État dans l'économie. C'est qu'entre-temps l'adversaire des libéraux avait changé. Ce n'était plus le conservatisme des grands propriétaires fonciers, mais les « socialistes » et les projets radicaux.

La réforme fiscale prônée par Jean-Baptiste Say consistait en une suppression des droits de douane et de la fiscalité foncière des physiocrates et leur remplacement par un impôt sur le revenu et une fiscalité modérée sur la consommation. Les libéraux vont conserver le projet libre-échangiste, mais rejoindre les conservateurs dans leur opposition à l'impôt et leur antiétatisme. C'est ainsi que Léon Say, qui soulignait en 1871 que les dépenses de la République avaient une légitimité bien supérieure à celles imposées par l'Empire puisqu'elles étaient décidées démocratiquement, rejoindra les opposants à toute réforme, allant même jusqu'à affirmer en 1886 qu'il n'y avait pas d'impôt plus juste que les impôts créés par les révolutionnaires, car ils excluaient toute fiscalité personnelle. Regroupés au sein de la Société d'économie politique, influents à l'Académie des sciences morales et politiques où se succédèrent Paul Leroy-Beaulieu puis René Stourm, les libéraux français s'opposèrent farouchement à tous les projets d'impôts sur le revenu.

Quand Raymond Poincaré, alors ministre des Finances, introduira en 1894 une légère progressivité des droits de succession pour financer la déduction de la souscription de la dette de l'assiette imposable, en expliquant qu'il restait farouchement opposé à la progressivité de l'impôt sur le revenu, il déclenchera une violente campagne orchestrée par les libéraux. Leroy-Beaulieu écrira : « C'est un germe morbide qu'on dispose dans notre régime fiscal », Charles Bodin y verra « une première concession aux doctrines spoliatrices[1] » et Léon Say s'écriera lors du débat des 3 et 4 décembre 1894 à l'Assemblée : « Le budget actuel n'est pas seulement un budget de fiscalité, c'est un

1. *Revue d'économie politique*, 1894, p. 53-72.

budget de portes ouvertes. Cette porte que vous ouvrez à vos adversaires, dira-t-il au ministre des Finances, c'est purement et simplement l'impôt progressif, qu'il soit applicable aux revenus ou aux successions [...] et cette porte ouverte, vous ne la refermerez jamais[1]. » Après de longs débats, la progressivité des droits de succession sera votée par l'Assemblée en novembre 1895 sous le gouvernement radical Léon Bourgeois. Quant au texte définitif qui prévoit des droits progressifs variant de 1 à 4 % en ligne directe, il ne franchira l'opposition du Sénat qu'en février 1901, sous la houlette du successeur de Raymond Poincaré au ministère des Finances, Joseph Caillaux.

Évoquant les économistes libéraux français qui monopolisent les plus hautes fonctions académiques, l'économiste américain Edwin Seligman écrira que « les auteurs français qui publient sur les problèmes financiers ont la regrettable habitude d'évoquer ces sujets en ignorant superbement les nouvelles théories qui viennent d'autres pays[2]. » Il soutient en revanche la *Revue d'économie politique* fondée en 1887 par Charles Gide qui ouvre le débat économique français aux différentes écoles de pensée et aux travaux internationaux et dans laquelle Gide écrira une chronique régulière sur l'actualité de la pensée économique[3].

Le réformisme fiscal : radicaux et socialistes

La création d'un impôt sur le revenu a été évoquée dès 1848 par Garnier-Pagès, ministre des Finances de la IIe République, et

1. *Journal officiel*, séance du 3 décembre 1894, p. 2124.
2. *Essays in taxation*, New York, Macmillan & co, 1885, p. 369 (en ligne).
3. Chroniques qui nourriront l'œuvre magistrale de Gide et Rist, *Histoire des doctrines économiques*, 1909.

dans le programme de Gambetta aux élections législatives de 1869. De 1880 à 1907, plus de deux cents textes législatifs ont été abandonnés, rejetés, ou parfois adoptés par la seule Chambre des députés[1]. Le nombre de députés qui se prononcent en faveur d'une réforme de l'impôt dans leur proclamation électorale ne cesse d'augmenter, passant d'une centaine en 1881 à 291 en 1893. Commentant l'accumulation de projets rejetés, Charles Gide écrira : « On ne veut pas avoir l'air d'avoir peur de l'impôt sur le revenu : il est de règle de le rejeter, c'est vrai, mais il est aussi de mode de le présenter. »

Les choses vont toutefois changer d'échelle avec les élections législatives de 1893 où les radicaux obtiennent cent vingt-deux sièges et les socialistes font une entrée remarquée avec une cinquantaine d'élus.

Le combat pour l'impôt progressif sur le revenu a été très largement initié par le Parti radical-socialiste (Paul Doumer, Léon Bourgeois), avec le soutien de la frange réformiste du Parti socialiste (Jean Jaurès). La pensée radicale, dont la référence reste le programme de Belleville de Gambetta[2], est profondément marquée à la fin du XIXe siècle par l'approche « solidariste », développée par l'un de ses membres les plus influents, Léon Bourgeois, président du Conseil radical en 1895, qui recevra le prix Nobel de la paix en 1920 pour son action à la tête de la Société des Nations.

L'idée de solidarité jouera en effet un rôle décisif dans les grandes avancées sociales de la IIIe République. Elle est née de la nécessité de penser le lien social au sortir de la Révolution

1. Une étude très complète des projets est publiée par Annie Héritier : « Un catalogue des projets d'impôt sur le revenu une analyse fiscale de 1848 à 1914 », *Revue du Trésor*, juillet 1999.

2. Le programme de Belleville ne mentionne pas l'impôt sur le revenu.

française[1] entre des individus désormais détachés de leur appartenance corporative et devenus libres et égaux en droit. C'est un imprimeur, précurseur du socialisme et futur député à la Constituante de 1848, Pierre Leroux, qui empruntera en 1840 le terme au vocabulaire juridique pour dépasser l'individualisme libéral et donner une couleur laïque et républicaine à la tradition chrétienne de charité.

Quelques années plus tard, dans son ouvrage *De la division du travail social* publié en 1893, le sociologue Émile Durkheim décrira le passage de la « solidarité mécanique » des sociétés archaïques, où des individus semblables obéissent aux mêmes croyances et aux mêmes valeurs, à la « solidarité organique » et contractuelle résultant de la division du travail. Contrairement à la vision économique qui fonde celle-ci sur l'accroissement de productivité qu'elle permet (Adam Smith), Durkheim expliquera la division du travail par la concentration et le développement des échanges et de la communication qui brise les similitudes et accroît la différenciation entre les individus.

Léon Bourgeois ira plus loin dans la solidarité contractuelle en y intégrant le lien entre les générations qui constitue le fondement d'une société : « L'homme vivant dans la société et ne pouvant vivre sans elle est à toute heure un débiteur envers elle. » Tout enfant, estime-t-il, reçoit un héritage social des générations qui l'ont précédé : le langage, la culture, l'éducation… Il doit donc rembourser par son travail et sa contribution au financement de l'État la dette sociale contractée dans ses années de formation. En outre, les obligations des privilégiés seront plus lourdes car « le possédant est débiteur des non-possédants »,

1. Marie-Claude Blais, *La Solidarité. Histoire d'une idée*, Paris, Gallimard, « Bibliothèque des idées », 2007, et sa conférence du 11 février 2009 au Cercle Condorcet (en ligne).

puisqu'une grande part de nous-mêmes et de notre propriété est le fruit de la société. Plus d'un siècle plus tard, Warren Buffett versant 85 % de sa fortune à des fondations philanthropiques ne dira pas autre chose :

> « La société est responsable d'un pourcentage significatif de ce que j'ai gagné. Plantez-moi au milieu du Bangladesh ou du Pérou et vous verrez réellement ce qu'est capable de produire ce talent qui est le mien, dès lors qu'il faut l'exercer sur un mauvais type de sol. »

Le principe de solidarité va irriguer la pensée radicale et donner un fondement philosophique à une politique visant à conjuguer liberté individuelle et justice sociale, justifiant aussi bien l'impôt progressif sur le revenu que les législations sur les assurances sociales et les retraites. À travers l'œuvre de Charles Gide, le solidarisme exercera également une influence importante sur l'aile réformiste des socialistes et conduira au mouvement coopératif dont il fut à la fois le théoricien et l'artisan de l'unification, aux côtés de Jaurès en 1912.

Les radicaux, qui se sont séparés des républicains modérés sur la question sociale dans la décennie 1880, seront d'autant plus actifs en matière de justice sociale qu'ils seront concurrencés dans ce domaine par la montée du mouvement socialiste qui passera d'une douzaine de députés en 1889 à une cinquantaine en 1893 et fera une percée importante aux municipales de 1893, en remportant notamment Lille, Marseille, Dijon, Limoges, Roubaix.

Mais les socialistes, longtemps influencés par les écrits de Pierre-Joseph Proudhon, resteront longtemps à l'écart du combat pour la mise en œuvre de l'impôt progressif, à l'exception de la composante réformiste animée par Jaurès et Millerand. Aussi prolifique que confus, participant à tous les débats d'idées, Proudhon présentera en juillet 1848 à l'Assemblée la proposition d'un « impôt sur le revenu » qui sera surtout un long réquisitoire contre la propriété. Quelques années plus tard, en réponse au concours du Conseil d'État de Lausanne sur l'impôt, il écrira un long mémoire – *Théorie de l'impôt* – s'opposant notamment à la progressivité de l'impôt sur le revenu. Les méandres de la pensée proudhonienne sur l'impôt font penser à ce que Marx disait de ses écrits antérieurs : « Il s'attaqua à des problèmes pour la solution desquels les connaissances les plus élémentaires lui faisaient défaut[1]. »

La position des socialistes va profondément évoluer avec Jean Jaurès[2]. À l'opposé des libéraux, il est favorable à la hausse des droits de douane pour protéger les petits agriculteurs et à la diminution des impôts sur la consommation pour leur substituer un impôt sur le revenu et sur l'héritage. Prudent dans les années 1880 sur la déclaration du revenu, il soutiendra progressivement sans réserve les réformes fiscales proposées par les ministres des Finances radicaux. Cette évolution des socialistes français fait écho à celle de leurs collègues allemands. Lors du congrès de réunification des deux partis socialistes allemands en 1875, le programme de Gotha retient des propositions proches de celle de la gauche française socialiste et radicale : suffrage universel, liberté de réunion et de presse, justice et éducation égales et gratuites, séparation de l'Église et de l'État, impôt unique

1. Karl Marx, Lettre du 24 janvier 1865 sur l'œuvre de Proudhon publiée en annexe de *Misère de la philosophie*. Dans ce courrier, il évoque d'ailleurs la théorie de l'impôt : « Il y a quelques années Proudhon écrivit une thèse sur les impôts, mis au concours à ce que je crois par le gouvernement du canton de Vaud. Ici s'évanouit la dernière lueur de génie. »

2. Nicolas Delalande, « Jaurès, les socialistes et l'impôt », *Cahiers Jaurès*, 2010/3 n° 197 (sur cairn.info).

et progressif sur le revenu, interdiction du travail des femmes et des enfants, législation du travail…

Dans les grands débats de la fin du XIXe siècle sur l'impôt progressif sur le revenu (juillet 1894 et mars 1896), Jean Jaurès sera l'un des principaux orateurs à soutenir les propositions d'impôt progressif sur le revenu. En janvier 1894, lors de la présentation d'un amendement du groupe socialiste affectant le produit de la conversion d'une rente au dégrèvement de l'impôt sur les propriétés non bâties, il évoquera la nécessité d'un impôt progressif sur le revenu global pour remplacer les quatre contributions directes issues de la Révolution.

Le projet Paul Doumer de 1896

Le 1er février 1896, Paul Doumer, devenu ministre des Finances du gouvernement radical présidé par Léon Bourgeois, dépose à l'occasion de la discussion du budget pour 1897 un projet d'impôt progressif sur le revenu reposant sur une déclaration et dont le taux augmente de 1 à 5 % en fonction du revenu.

Les adversaires du projet gouvernemental, majoritaires au sein de la commission du budget vont tenter pendant trois mois de retarder le débat en consultant les chambres de commerce et les sociétés d'agriculture et en mobilisant les économistes libéraux – Leroy-Beaulieu en tête – contre le projet. Début mars, le rapporteur général du budget rédige un rapport dans lequel il demande au gouvernement de revoir son projet pour qu'il ne contienne ni « taxation arbitraire » (c'est-à-dire progressivité) ni « investigations vexatoires » (c'est-à-dire déclaration de revenus) et le débat commence le 21 mars.

Dans l'introduction de son discours, Jean Jaurès souligne que l'opposition « aura beau écarter, exorciser le principe de l'impôt général et progressif sur le revenu, il reviendra toujours [...] tant que d'autres réformes fiscales précises n'auront pas répondu au besoin de justice qui a été affirmé devant le pays[1] ». Rappelant que depuis vingt ans deux contributions sont particulièrement critiquées par tous, la contribution personnelle mobilière et l'impôt sur les portes et fenêtres, il est temps non plus de les remanier comme cela a été tenté sans succès depuis vingt ans, mais de les remplacer par un véritable impôt sur le revenu déclaré, comme l'ont fait de nombreux pays européens.

Au rapporteur général qui considère que l'impôt personnel sur le revenu mis en place dans d'autres pays est contraire au génie de la France, il répondra, après avoir évoqué la diversité du génie de chacune des grandes nations :

> « Vous ne pouvez pas comparer les génies si divers de tous ces peuples : les Italiens, les Allemands, les Anglais, les Américains. Et pourtant chez tous, la même force des choses, les mêmes événements, les mêmes nécessités économiques et sociales ont amené des applications diverses plus ou moins étendues, plus ou moins profondes du même principe, l'impôt personnel et progressif sur le revenu. »

Pour répondre à Jaurès et aux critiques qui reprochent à la commission de ne pas faire de propositions, Léon Say rappellera que la commission demande au gouvernement « d'étudier des contributions directes qui permettent d'atteindre équitablement le revenu sous ses différentes formes » sans inquisition, c'est-à-dire sans déclaration des revenus, et qu'il convient de substituer à la « taxation arbitraire », c'est-à-dire progressive, « une

1. *Journal officiel*, débat du 21 mars 1896, p. 574 et suivantes.

taxation résultant de la force des choses », c'est-à-dire, dans le vocabulaire libéral, proportionnelle.

Contre l'avis de la commission des finances, la Chambre adoptera le 26 mars, par une majorité de 286 voix contre 270, le principe de l'impôt global sur le revenu. Mais les libéraux n'en resteront pas là, ils multiplieront les communications critiquant « la taxation arbitraire » et « l'inquisition vexatoire ». Cette terminologie déployée depuis des années par les libéraux infusera d'ailleurs jusqu'au sein de l'administration fiscale. Dans une note de 1894[1], la Direction générale de l'enregistrement écrira : « C'est un impôt arbitraire, vexatoire, spoliateur, improductif qui serait un leurre pour les petits contribuables et dont le plus clair résultat serait d'atteindre à sa base même la prospérité économique du pays. » Pour finir, le projet Doumer sera rejeté par le Sénat et le gouvernement de Léon Bourgeois démissionnera devant le blocage du vote des crédits par le Sénat.

Le débat qui occupa la seconde partie du XIXe siècle rebondira une décennie plus tard. Mais, entre-temps, la plupart des pays européens adopteront l'impôt progressif sur le revenu.

1. Note au ministre, 7 juillet 1894, citée par Nicolas Delalande, *Les Batailles de l'impôt, consentement et résistances de 1789 à nos jours*, Paris, Seuil, 2014, p. 154.

Chapitre 6

La naissance mouvementée de l'impôt sur le revenu

Alors que l'impôt progressif sur le revenu a été institué dès 1842 au Royaume-Uni (et même en 1799 dans sa première version), suivi par de nombreux pays européens (Suède en 1861, Italie en 1864, Allemagne en 1891, Pays-Bas en 1893), la France, malgré un demi-siècle de débat, n'adoptera l'impôt progressif sur le revenu qu'à la veille de la Première Guerre mondiale.

Après l'échec du projet Doumer en 1896 et jusqu'en 1907, aucun gouvernement n'osera en effet présenter un projet d'impôt sur le revenu comportant la déclaration et la progressivité. Pourtant, lors des législatives de 1898, plus de trois cents députés mettent dans leur programme l'impôt sur le revenu et, l'année suivante, l'Assemblée crée même une commission spéciale sur ce sujet. Mais, en dehors du vote chaque année d'une résolution décidant de mettre en discussion l'impôt sur le revenu, aucune proposition concrète ne verra le jour. Et, durant la législature suivante (1902-1906), le débat politique sera monopolisé par la question religieuse.

Il faudra attendre les élections législatives de 1906, où la majorité de gauche sortante obtient une très large majorité, pour que les questions économiques et sociales (retraites ouvrières et paysannes, impôt sur le revenu) deviennent les thèmes dominants de la législature et que soit déposé en 1907 par le ministre des Finances du gouvernement Clemenceau, Joseph Caillaux, le projet qui va aboutir à la création de l'impôt sur le revenu.

La création de l'*income tax* en Angleterre[1]

C'est une nouvelle fois l'Angleterre qui fut pionnière dans la mise en œuvre de l'impôt sur le revenu, en raison, à nouveau, de la guerre avec la France. En 1797, le Premier ministre William Pitt (le jeune), influencé par les travaux d'Adam Smith, propose un impôt « progressif » qui distingue trois catégories de contribuables. Comme sous la Révolution française, il n'est alors pas question de recourir à une « investigation odieuse et vexatoire », seul le train de vie apparent est taxé, avec trois classes de niveau de vie. La première classe regroupe ceux qui possèdent des voitures et des domestiques mâles ; la deuxième les propriétaires de maisons, montres et pendules… ; la troisième, ceux qui restent. Dans chaque classe, on paie la contribution de l'année précédente multipliée par un coefficient croissant avec le revenu.

Mais la contribution rapportant peu, Pitt passe l'année suivante à une imposition du revenu qui exonère les revenus annuels inférieurs aux 60 £ de l'époque et dont le taux augmente jusqu'à 10 % au-delà de 200 £. En 1802, suite à la Paix d'Amiens, l'impôt sera supprimé, mais la reprise des hostilités obligera à le rétablir l'année suivante. Le nouveau Premier ministre, Henry Addington, instaurera alors un nouvel impôt sur le revenu ayant pour caractéristique d'être prélevé à la source sur chaque catégorie (cédule en français, *schedule* en anglais)

1. Nous nous appuyons dans ce paragraphe sur les chapitres de Gabriel Ardant, *Histoire de l'impôt*, Paris, Fayard, 1972, t. 2, p. 378-403, et sur les publications nationales (Parlement notamment).

de revenu. Le taux sera plus faible (5 %), mais l'élargissement du périmètre de l'impôt augmentera fortement les recettes. Revenu au pouvoir en 1805, Pitt conservera la nouvelle version en portant le taux maximal à 10 %. L'impôt sera supprimé en 1816, un an après Waterloo.

Il sera réintroduit en 1842 par Sir Robert Peel à un taux voisin de 3 %[1], avec un abattement à la base de 150 £ en contrepartie d'une réduction des droits de douane. Comme toute « *flat tax* » conjuguée à un abattement à la base, l'impôt sera légèrement progressif, le taux moyen passant de 0 % pour un revenu inférieur à 150 £ à 1,5 % pour un revenu de 300 £ et approchant le taux maximal de 3 % pour des revenus élevés. Après l'introduction de la progressivité dans l'impôt sur les successions en 1894 et l'élargissement de l'abattement à la base, la question d'une plus forte progressivité se posera, particulièrement après les élections de 1906 où le parti libéral obtient 400 députés et le parti ouvrier 29. Le chancelier de l'Échiquier de l'époque et futur Premier ministre, David Lloyd George, qui restera ministre des Finances de 1908 à 1914, proposera de créer un impôt progressif sur le revenu global à côté de l'*income tax*, ainsi que l'augmentation des droits de succession et l'imposition des plus-values foncières.

Les lords s'y opposeront avec le soutien des grandes banques. Il en résultera deux dissolutions et, après la seconde élection en 1910, les lords finiront par accepter ce qu'ils ne pouvaient empêcher et renonceront au droit de rejeter les lois de finances. Comme l'exprimera Gabriel Ardant[2] : « L'impôt sur le revenu né au cours de la lutte contre la France

1. Le taux était de 7 anciens pence par livre, soit 7/240 livre (avant le système décimal introduit en 1971, la livre était décomposée en 240 pence).

2. *Histoire de l'impôt*, *op. cit.*, t. 2, p. 386.

révolutionnaire avait détruit une des institutions traditionnelles de l'Angleterre. »

Le contexte politique britannique du début du XXe siècle était voisin du contexte politique français, car les libéraux anglais n'avaient rien à voir avec les « libéraux conservateurs français » et étaient proches en fait du parti radical (ils se diviseront d'ailleurs lors de la guerre des Boers sur le partage du territoire en Afrique du Sud en radicaux et impérialistes). Ce n'est donc pas un hasard si l'*income tax* britannique inspirera directement la réforme Caillaux.

La situation politique allemande était en revanche très différente.

La création autoritaire de l'*Einkommensteuer* en Allemagne

La création autoritaire de l'impôt sur le revenu (*Einkommensteuer*) par Johannes von Miquel en 1891-1893 s'inscrit dans le prolongement de la politique bismarckienne visant à lutter contre la montée du mouvement socialiste, à la fois par des lois d'exception et par la réalisation de réformes sociales destinées à désamorcer les revendications sociales. Cette politique duale est clairement affirmée dans le message que l'empereur Guillaume 1er adressera au Reichstag le 17 novembre 1881 : « La guérison des maux sociaux ne doit pas être cherchée seulement dans la répression de la propagande socialiste, mais aussi dans l'amélioration réelle de la condition des ouvriers[1]. »

1. Cité dans Charles Grad, « Le socialisme d'État dans l'empire allemand », *Revue des Deux Mondes*, t. 98, 1890 (disponible en ligne sur Wikisource).

Dans la dernière partie de son long mandat de chancelier, Bismarck finira par obtenir du Reichstag en octobre 1878 le vote d'une loi d'exception interdisant les organisations socialistes et sociales-démocrates, qui perdurera jusqu'à son départ en 1890. Les parlementaires sociaux-démocrates continueront toutefois à se présenter (Bebel et Liebknecht y siégeaient depuis 1874), mais sous une étiquette indépendante. Ces lois « antisocialistes » ne les empêcheront pas de progresser et ils deviendront même le premier groupe politique du Reichstag aux élections de 1890. Parallèlement, Bismarck mettra en place l'assurance maladie en 1883 (financée pour 2/3 par les employeurs, 1/3 par les salariés), l'assurance sur les accidents du travail en 1884 et l'assurance invalidité et vieillesse en 1889.

Cette politique étatiste a été théorisée par les économistes Gustav Schmoller (1838-1917) et Adolph Wagner (1835-1917), deux universitaires qui contribueront à constituer ce que l'on appellera le « socialisme de la Chaire ». Monarchistes et nationalistes, ils soutiendront Bismarck et s'opposeront à la fois au libéralisme économique et aux sociaux-démocrates. Attachés à la justice sociale et à un État prussien fort et centralisé, ils préconiseront l'intervention publique, les nationalisations, le développement de la protection sociale et l'impôt progressif pour contribuer au financement des dépenses. Adolph Wagner a laissé son nom à la « loi de Wagner » selon laquelle le poids des dépenses publiques dans le PIB augmente avec celle du niveau de vie, car cela accroît la consommation de biens supérieurs (éducation, loisirs, culture...) et le besoin d'infrastructures. Selon cette loi, la part des dépenses dans le PIB doit donc augmenter au cours du temps.

Bismarck n'hésitera pas à évoquer le « socialisme d'État » pour qualifier sa politique sociale :

« Si l'on objecte que c'est là du socialisme, je ne m'en effraie pas. Il s'agit de savoir où doit s'arrêter le socialisme d'État, sans lequel rien ne marche ; car c'est faire du socialisme d'État que de prendre soin des pauvres. Il y a des États qui ont une telle crainte du socialisme, qu'ils n'ont même pas de loi sur les pauvres. Je vous citerai la France, où tout citoyen a le droit de mourir de faim et où l'État n'a pas l'obligation de l'en empêcher[1]. »

Ce n'est pas lui qui mettra en œuvre la dernière pierre de ce « socialisme d'État », l'impôt sur le revenu. Après le bref règne de Frédéric II, l'empereur Guillaume II qui lui succède, considérant que Bismarck est un homme du passé, et fermement décidé à gouverner par lui-même, nomme en mars 1890 un chancelier plus accommodant : Leo von Caprivi. Son ministre des Finances, Johannes von Miquel, qui fut brièvement dans sa jeunesse membre de la Ligue des communistes avant de devenir l'un des fondateurs du Parti national-libéral, puis maire de Francfort, avait été l'un des artisans du rapprochement entre le Parti national-libéral et les conservateurs de Bismarck. En trois ans, n'ayant pas comme en France à affronter un Parlement aussi divisé et aussi puissant que l'Assemblée nationale de la IIIe République, il mettra en place une réforme radicale de la fiscalité.

Avant l'introduction de l'impôt sur le revenu en 1891-1893, le système fiscal prussien ressemblait à celui de la France. Il restait fondé sur le revenu présumé et frappait séparément le revenu foncier, les bâtiments, l'industrie et le commerce. Il s'y ajoutait un « impôt sur le revenu classifié » censé être payé par les contri-

1. Ernest Fournier de Flaix, *La Réforme de l'impôt en France*, Paris, 1898, p. XL.

buables aisés. Mais en réalité le revenu personnel n'était pas évalué car les fonctionnaires chargés du recouvrement se voyaient comme en France « interdire toute enquête vexatoire sur le revenu », de sorte que la moitié ou les deux tiers des revenus échappaient à l'impôt[1].

Contrairement au système anglais d'impôts cédulaires, les lois de 1891-1893 vont créer un impôt global sur le revenu légèrement progressif, fondé sur une déclaration obligatoire du contribuable. Cette déclaration était soumise à une commission qui pouvait interroger le contribuable ou des témoins. Il s'y ajoutait un impôt personnel sur le capital au taux de 0,5 % et un impôt progressif sur les successions. Les impôts directs autres que l'impôt sur le revenu étaient supprimés en tant qu'impôts d'État et mis intégralement à la disposition des collectivités locales.

On peut s'étonner qu'un gouvernement aussi farouchement conservateur ait pu créer rapidement un impôt sur le revenu. Le développement du suffrage universel et des partis représentant les classes populaires semble plutôt favorable à la mise en place d'une telle imposition. Or, le Royaume-Uni en 1848, l'Autriche en 1849, l'Italie en 1864, le Japon en 1887, les Pays-Bas en 1896 instaurèrent un impôt sur le revenu (souvent progressif) alors que le corps électoral était extrêmement restreint. *A contrario*, la France et les États-Unis, où le suffrage universel était établi depuis longtemps, n'adoptèrent l'impôt sur le revenu qu'à la veille de la Première Guerre mondiale. Ce paradoxe pourrait avoir son origine[2] dans la volonté des représentants des

1. Gabriel Ardant, *Histoire de l'impôt*, *op. cit.*, t. 2, p. 390.

2. Isabela Mares et Didac Queralt, « The Non-Democratic Origins of Income Taxation », *Comparative Political Studies*, vol. 48, 14, 2015, ainsi que « Autocratic Taxation : Examining the Adoption of Income Taxes in Imperial Germany and Prussia », Working paper, août 2014.

propriétaires fonciers, majoritaires dans les assemblées restreintes, d'étendre l'impôt aux revenus industriels qui étaient largement oubliés dans les impôts traditionnels. Et dans les pays où dominait le suffrage censitaire ce conflit l'emportait sur celui sur la progressivité de l'impôt.

Si l'impôt britannique inspira le projet Caillaux, la création autoritaire en Allemagne d'un impôt fondé sur une déclaration obligatoire de revenu servira de repoussoir à la droite française dans les débats qui vont animer la création de l'impôt à la veille de la Première guerre mondiale.

Joseph Caillaux et l'impôt sur le revenu

Né dans une famille aisée – son père, Eugène Caillaux, avait été ministre des Travaux publics puis des Finances au début de la IIIe République –, Joseph Caillaux commencera une carrière d'inspecteur des finances avant de devenir député en 1898 à trente-cinq ans[1]. Il reconnut dans ses mémoires « avoir tiré un immense profit de ces dix ans de labeur dans l'inspection. J'y appris non seulement la fiscalité mais l'administration vivante du pays », car l'inspection des finances à cette époque était presque exclusivement spécialisée dans la vérification des services financiers. De cette expérience, il tirera un ouvrage technique sur la fiscalité en 1896[2], mais ni ce premier tome, ni le second, qu'il publiera en 1905, ne développent la réforme de l'impôt sur le revenu.

1. Jean-Denis Bredin, *Joseph Caillaux*, Paris, Hachette, 1980, notamment le chapitre 9 sur l'impôt sur le revenu, et sa biographie sur le site de l'Assemblée nationale (extraite de la biographie des parlementaires français de la Troisième République de 1889 à 1940 de Jean Jolly)

2. Joseph Caillaux, *Les Impôts en France*, t. 1, 1896 ; t. 2, 1905.

Admirateur de Waldeck-Rousseau, il s'inscrira au groupe des républicains progressistes (l'étiquette « progressiste » ayant remplacé l'ancienne appellation « opportuniste »), auquel participe également Raymond Poincaré. Contrairement à ce dernier, il évoluera beaucoup plus tard vers la gauche en rejoignant le Parti radical dont il deviendra président en 1913, épousant ainsi l'évolution des majorités successives, ce qui le fera taxer d'opportuniste (au sens moderne cette fois) par ses adversaires.

Dans le projet qu'il esquissera en 1898, quand il était secrétaire de la commission sur la réforme fiscale, il proposera de substituer aux « quatre vieilles » un impôt progressif sur le revenu atteignant 4 % et un impôt sur le capital au taux de 1 % : un projet inspiré de la réforme prussienne qu'il analyse d'ailleurs longuement dans le rapport de la commission, rédigé en 1899.

Devenu ministre des Finances dans le gouvernement Waldeck-Rousseau (juin 1899-juin 1902), il déposera un projet de réforme des contributions directes qui ne comprend pas d'impôt sur le revenu et ne fera rien par ailleurs pour le faire aboutir. Pire, en juillet 1901, il se vantera dans une lettre à sa première épouse « d'avoir écrasé l'impôt sur le revenu en ayant l'air de le défendre », lors du débat de la loi de finances pour 1902, une phrase qui lui sera longtemps reprochée[1]. Ce débat mérite que l'on s'y attarde, car il illustre parfaitement ce qu'aura été cette législature 1898-1902, où la « réforme dont on parlait tant en début de législature et que trois cents membres au moins de cette chambre ont reçu mandat de réaliser[2] » aura été purement et

1. La lettre en question sera publiée en 1914 avec d'autres lettres personnelles dans la campagne menée contre Caillaux par *Le Figaro* et qui conduira sa deuxième épouse, Henriette, à assassiner Gaston Calmette, le directeur du *Figaro*.

2. Fernand Brun (député radical-socialiste), *Journal officiel*, séance du 3 juillet 1901, p. 1787.

simplement enterrée. Et si le ministre Caillaux contribua d'une certaine façon à cet enterrement, les arguments qu'il développera dans le débat soulignent toutes les difficultés techniques qu'il faudra résoudre pour aboutir à une véritable réforme de l'impôt sur le revenu.

Les 3 et 4 juillet 1901, lors de l'examen de l'article premier du projet de loi de finances pour 1902 qui fixe le montant de l'impôt pour l'année suivante, un groupe de députés radicaux-socialistes emmenés par trois parlementaires élus – comme Caillaux – pour la première fois en 1898, Fernand Brun, Louis-Lucien Klotz[1] et Émile Magniaudé[2], dépose un amendement pour remplacer cet article premier par la suppression des « quatre vieilles » et leur remplacement par un impôt progressif sur le revenu.

Rappelant la longue chronologie des propositions sans suite de la législature, Fernand Brun conclut sa motion préjudicielle de renvoi du texte en commission[3] : « Il faut bien que les nouveaux venus viennent vous dire ces vérités lorsque les chefs qui ont inscrit autrefois ces grandes réformes dans leur programme restent muets à leurs bancs. »

Au rapporteur général de la commission du budget qui explique que la commission, après avoir auditionné deux fois le ministre, a suivi sa proposition de disjoindre le débat sur la création de l'impôt sur le revenu du vote du budget pour 1902,

1. Louis-Lucien Klotz, député radical de 1898 à 1925, plusieurs fois ministre des Finances, notamment dans le gouvernement Caillaux.

2. Émile Magniaudé, député radical de 1898 à 1919, déposera plusieurs propositions de loi pour la création d'un impôt sur le revenu.

3. La motion de renvoi en commission d'un texte existe toujours à l'heure actuelle ; elle intervient aujourd'hui après l'éventuelle motion de rejet préalable (dont l'adoption est un rejet du texte) ; elle interrompt simplement la discussion du texte en séance.

Camille Pelletan, l'un des fondateurs du Parti radical-socialiste, répondra : « Quand on refuse une réforme, on ne la refuse pas on ne l'ajourne même pas, on la disjoint [...] c'est grâce à la disjonction qu'on peut voir se succéder ici des majorités résolues à accomplir toutes les réformes et n'en accomplissant jamais aucune[1]. »

Dans sa réponse aux auteurs de l'amendement, Joseph Caillaux énumérera toutes les difficultés qu'il conviendrait de résoudre pour mettre en œuvre efficacement un impôt sur le revenu : la nécessité d'une déclaration, la question des centimes additionnels qui vont aux collectivités locales, enfin la nécessité de réformer l'administration fiscale pour répondre à un système d'imposition complètement différent.

Notant que, parmi les partisans de l'impôt sur le revenu, certains sont opposés à la déclaration et d'autres y sont favorables, il soulignera le bouleversement que représenterait le nouvel impôt : « Quand j'entends parler de projets d'impôts basés uniquement sur les renseignements que l'administration détient, je ne peux m'empêcher de sourire [...] de quelque façon que vous opériez vous serez conduits à la déclaration du contribuable[2]. »

À la fin du long débat qui s'engage après l'intervention du ministre, le député Gabriel Vidal de Saint-Urbain (gauche républicaine) résumera la situation en s'adressant aux radicaux : « Tous les quatre ans, à la veille des élections générales, le Parti radical-socialiste met en avant cette réforme... Puis, les élections faites, il nomme des commissions qui, sous prétexte de l'étudier, paraissent en réalité n'avoir d'autre mission que de l'enterrer. » On ne peut être plus clair sur la commission de l'impôt sur le

1. *Journal officiel*, débat du 3 juillet 1901, p. 1791.
2. *Journal officiel*, débat du 4 juillet 1901, p. 1803.

revenu. Créée dès le début de la législature, elle mettra un an à se réunir et n'aboutira qu'à étouffer le projet.

Pourquoi cet enterrement d'une réforme qu'une majorité de députés avait portée dans la campagne électorale de 1898 ? C'est que la Chambre élue alors avait une particularité : l'affaire Dreyfus s'était traduite par un renforcement des républicains au détriment des royalistes, mais aussi de l'extrême gauche (Jaurès et Guesde avaient été battus), et si les partisans de la réforme étaient majoritaires, ils étaient divisés sur son contenu. Par ailleurs, les incidents avec l'extrême droite s'étaient multipliés et, après deux brefs gouvernements successifs au cours de la première année de la législature, la Chambre décida d'apporter son soutien à un gouvernement Waldeck-Rousseau « d'union nationale » (on parlait à l'époque de « défense républicaine ») allant du général de Galliffet, le « massacreur de la Commune », à Alexandre Millerand, socialiste indépendant.

Ce gouvernement, qui détiendra le record de longévité des cabinets de la IIIe République, n'avait aucune envie de briser cette union. Enfin, un autre facteur joua, que rappela l'ancien président du Conseil Alexandre Ribot dans le débat. Quand il n'était pas encore président du Conseil, Waldeck-Rousseau avait mené campagne contre l'impôt sur le revenu, il n'était donc guère enclin à le mettre en œuvre, comme chef du gouvernement.

La législature suivante sera presque entièrement consacrée à la question religieuse, avec notamment le cabinet Combes, et le débat ne rebondira qu'après les élections de 1906. Entre-temps, Caillaux a glissé à gauche avec l'affaire Dreyfus et, surtout, il a affiné ses analyses. À nouveau ministre des Finances, c'est lui qui présentera le projet qui va conduire à la création de l'impôt sur le revenu. Il dispose cette fois d'une majorité de députés radicaux et socialistes et il proposera, comme il l'avait laissé entendre en 1901, un projet transformant complètement le système fiscal.

S'inspirant du modèle de l'*income tax*, il remplacera les « quatre vieilles » par un système d'impôts cédulaires, portant sur chaque cédule ou catégorie de revenu, pas moins de sept : les revenus des propriétés bâties, ceux des propriétés non bâties, les revenus des capitaux mobiliers, les bénéfices industriels et commerciaux, les bénéfices agricoles, les traitements des fonctionnaires et les revenus des professions libérales. Chaque catégorie est taxée à des taux proportionnels compris entre 3 % pour les revenus du travail, 3,5 % pour les bénéfices industriels et 4 % pour les revenus fonciers, immobiliers et pour les revenus des valeurs mobilières. Comme dans l'*income tax*, chaque catégorie dispose de son propre dispositif d'abattement.

À ces impôts cédulaires s'ajoute un impôt général sur le revenu progressif (dit de superposition) concernant les contribuables dont le revenu global est supérieur à 5 000 francs et qui atteint par tranches successives le taux de 4 % à partir de 100 000 francs. Il nécessite une déclaration des revenus pour ceux qui y sont soumis, lorsque les revenus ne sont pas connus. C'est évidemment cet impôt général qui soulèvera le plus de critiques, en raison de la progressivité et de la déclaration.

1907-1909, deux années de débats à l'Assemblée

Le 7 février 1907, Caillaux déposera son projet de loi à l'Assemblée, en lisant devant la Chambre son exposé des motifs[1]. Dans un exposé « magistral » tant par la profondeur de ses analyses que par son caractère pédagogique, il rappellera

1. *Journal officiel*, séance du 7 février 1907, p. 316 et suivantes.

tout d'abord les deux théories de « l'impôt assurance » et des « facultés contributives » pour conclure que la progressivité est mieux à même de refléter ces dernières, d'autant plus que les contributions indirectes exercent une « progression à rebours en grevant plus lourdement les classes peu aisées que les classes fortunées ». C'est pour rétablir cet équilibre « que la plupart des peuples d'Europe avaient, pendant ces trente dernières années, transformé leur système d'impôt direct [...] et introduit la progressivité [...] la France seule parmi les grandes nations n'avait pas participé à cette évolution ». Il soulignera ensuite que les différents systèmes d'impôts modernes reposent tous sur l'évaluation du « revenu vrai » et se rattachent à deux systèmes : celui de l'*income tax* anglais qui taxe chaque catégorie (cédule) de revenu à la source et celui de l'*Einkommensteuer* allemand qui appréhende le revenu global. Le premier a l'avantage du rendement en raison de son prélèvement à la source, le second, celui de la progressivité sur le revenu personnel. « La solution idéale consisterait à combiner les deux systèmes en les adaptant aux conditions particulières de notre pays [...]. Nous croyons nous approcher autant qu'il est possible du but en vous proposant de juxtaposer des impôts réels sur toutes les catégories de revenu et un impôt personnel global. »

Se souvenant du précédent de la législature 1898-1902, la Chambre repoussera la proposition de créer une commission spéciale et en confiera l'examen à la commission de la législation fiscale que présidera Camille Pelletan. Après plusieurs mois d'examen en commission, la discussion s'ouvre au début du mois de juillet 1907. Elle durera deux ans et déclenchera, à la Chambre et dans le pays, des débats aussi passionnés que la loi de séparation des Églises et de l'État qui monopolisa la législature précédente. Si les critiques de la réforme fiscale furent parfois caricaturales, dénonçant comme précédemment un impôt inquisitorial et des prélèvements confiscatoires, les débats de l'Assemblée furent aussi l'occasion d'affrontements d'une remarquable qualité entre, d'un côté le ministre soutenu par Jean Jaurès et Camille Pelletan, et de l'autre les opposants, Jules Roche, Émile Aimond et Alexandre Ribot.

La discussion générale s'ouvre le 1er juillet en l'absence de demande de prise de parole des grands ténors de l'opposition, obligeant le président de la commission de la législation fiscale, Camille Pelletan, à intervenir prématurément pour prendre acte de « l'aspect si curieux » que présente le début de la discussion où aucun leader de l'opposition ne prend la parole alors que la presse de droite se déchaîne contre l'impôt sur le revenu.

Si elle ne va pas au fond des choses, cette première journée de débat n'est pourtant pas sans intérêt, car l'un des trois orateurs de l'opposition, Henri Laniel[1], développera ce que l'on appelle aujourd'hui la théorie du ruissellement : « Le résultat inévitable de l'impôt sur le revenu sera de diminuer, de réduire autant que possible en France les dépenses somptuaires, le luxe. Or le luxe est l'élément indispensable, l'élément le plus actif du relèvement des salaires. »

Ce à quoi Camille Pelletan répondra : « Relisez, messieurs, l'histoire de la Restauration, vous verrez que cet argument était celui de la réaction d'alors. Il consiste à dire que si l'on veut [agir contre la pauvreté], il faut enrichir les riches, car ce sont eux qui font vivre les pauvres. » Les débats sur les politiques fiscales de Thatcher, Reagan et plus récemment Sarkozy et Macron ont donc une longue histoire !

Jaurès insistera dans les jours suivants pour que la Chambre donne la place nécessaire au débat sur l'impôt sur le revenu, et Jules Roche s'associera pour l'opposition à cette demande, de

1. Député du Calvados de 1896 à 1932, siégeant à droite (républicain libéral).

sorte que les séances des 10 et 11 juillet seront très largement consacrées à la discussion générale du projet, avec l'intervention de Joseph Caillaux, puis celles de Jean Jaurès et Jules Roche le lendemain.

Caillaux rappellera en introduction de son discours que 263 députés s'étaient dans leur profession de foi déclarés partisans de l'impôt sur le revenu, 150 avaient affirmé leur volonté de réformer les contributions directes et que, parmi les 166 qui ne se s'étaient pas exprimés sur cette question, un bon nombre appartenaient à la majorité de gauche et y étaient favorables. Aux orateurs qui opposaient son discours actuel à celui de 1901, il rappellera que certains passages de son discours de l'époque laissaient pressentir le projet qu'il dépose aujourd'hui et qui est le fruit d'un long travail. Puis se tournant vers la majorité, il conclura :

> « Je ne sais où j'ai lu que seule la probité dans les engagements vaut et maintient à un parti la confiance du pays. Messieurs, vous êtes un grand parti : vous avez la confiance du pays ; si vous voulez la conserver, tenez vos promesses, réalisez. »

Dans son intervention, Jaurès répondra aux députés et aux journaux de droite qui accusaient l'impôt sur le revenu d'être l'antichambre du collectivisme. Il soulignera tout d'abord que le groupe socialiste ne considère pas, comme le prétend la droite, que l'impôt sur le revenu soit un projet révolutionnaire, « il peut tout au plus mettre un peu d'équité dans le fonctionnement de la société présente ». Il plaide ensuite pour une progressivité raisonnable qui permettra, sans compromettre le développement économique, de financer les projets sociaux du gouvernement.

À ceux qui, à droite, s'appuient sur les impôts de la révolution pour s'opposer à la progressivité, il cite Voltaire, Montesquieu et Rousseau et, comme Charles Benoist, conteste que Montesquieu ait été favorable à la progressivité, il répond sous les applaudissements et les rires de la gauche : « Monsieur Charles Benoist, vous engagez-vous à voter le projet de M. Caillaux si c'est moi qui ai raison ? », tout en l'invitant à aller vérifier avec lui à la bibliothèque de l'Assemblée ce qu'il en est.

Au cours des deux années qui sépareront le dépôt du projet de loi de son vote, Caillaux fera preuve tout au long des débats de l'Assemblée d'une impressionnante connaissance de l'histoire fiscale et des doctrines de l'impôt. Dans le débat des 22 et 25 mai 1908 portant sur l'amendement visant à exonérer la rente française de l'impôt, le gouvernement engagera sa responsabilité. La rente était exonérée de tout impôt et notamment du prélèvement à la source de 3 % sur les valeurs mobilières instauré en 1868, qui fut porté à 4 % ensuite. Caillaux fit valoir qu'exonérer la rente de l'État français obligerait à faire de même pour les rentes étrangères et que la moitié de la fortune mobilière et le quart de la fortune totale étaient constitués de titres de fonds d'État français ou étrangers.

Répondant au défenseur de l'amendement, Émile Aimond[1], qui, s'appuyant sur la théorie de l'incidence chère aux physiocrates, expliquait que taxer de la même façon la rente d'État et les valeurs mobilières privées, c'était ne taxer que la rente d'État puisque ces dernières finissaient toujours par être transférées sur la seule richesse, la terre, fit appel à Voltaire pour réfuter cette analyse en citant le passage de *L'Homme au quarante écus* que nous avons évoqué dans un précédent chapitre.

1. Émile Aimond (1850-1917), député (Gauche démocratique) de 1898 à 1909 puis sénateur et rapporteur du budget au Sénat en 1913.

Caillaux reconnut dans ses mémoires qu'il « aurait triomphé péniblement s'il n'avait eu l'appui de Jaurès [...] qui s'employa à aplanir les différends », et obtint de ses amis socialistes et radicaux qu'ils soutiennent le projet du gouvernement[1]. La situation politique n'était pourtant pas simple, car si les socialistes apportèrent leur soutien au projet d'impôt sur le revenu, ils s'opposèrent pendant la même période à la politique de répression des mouvements sociaux menée par le chef de gouvernement et ministre de l'Intérieur Clemenceau, qui fit de nombreux morts[2].

Le 20 juillet 1909, les socialistes et soixante-deux radicaux-socialistes joindront leurs voix à celles de la droite pour renverser un gouvernement Clemenceau dont il ne restera pas grand-chose en dehors de la réforme de l'impôt sur le revenu.

Du vote de l'Assemblée à son adoption définitive en 1914

Adopté après deux années de débat par la Chambre des députés le 9 mars 1909, le projet d'impôt sur le revenu ne franchira l'hostilité du Sénat qu'à la veille du déclenchement de la guerre, le 15 juillet 1914. Les conservateurs, qui avaient perdu à la Chambre, prirent en effet leur revanche au Sénat. Comme pour beaucoup d'autres avancées sociales ou sociétales (le droit de vote des femmes adopté par l'Assemblée dès 1919 à une très

1. Joseph Caillaux, *Mes mémoires*, t. 1, *Ma jeunesse orgueilleuse, 1863-1909*, Paris, Plon, 1942, p. 256-257.

2. Caillaux dénoncera dans ses mémoires la politique « irresponsable » et « incohérente » de Clemenceau favorisant les manifestations des vignerons du Midi en engageant les compagnies de chemin de fer à organiser des trains spéciaux pour les manifestants puis changeant d'avis et autorisant la troupe à tirer à Narbonne, Aurillac, Rodez...

large majorité que le Sénat refusa d'examiner pendant toute la IIIe République), le Sénat où aucun socialiste ne siégeait et où la majorité radicale était de centre droit enterra le projet. Il ne ressortit des cartons de la commission du Sénat que lorsque l'Assemblée ajouta un article à la loi de finances pour 1913, fixant une date butoir à l'application de la réforme fiscale.

Le rapport du Sénat, rédigé par Émile Aimond et remis en novembre 1913, démantelait le projet Caillaux en rétablissant pratiquement les « quatre vieilles ». En décembre 1913, une nouvelle opportunité se présente. Caillaux, alors président du Parti radical, venait de contribuer à renverser le gouvernement Barthou, en s'opposant à l'emprunt et à la non-imposition de cette nouvelle rente, reconstituant ainsi la majorité qui avait voté l'impôt sur le revenu en 1909. Il regrettera dans ses mémoires de n'avoir pu prolonger cette unité au sein d'un gouvernement.

Faute de pouvoir envisager une participation des socialistes, tenus par les décisions du Congrès d'Amsterdam de 1904, qui interdisait aux partis socialistes une participation aux gouvernements « bourgeois », Caillaux soutint alors la candidature du radical Doumergue à la présidence du Conseil en prenant le poste de ministre des Finances. Mais il n'aura guère le temps d'influencer le cours des événements. Comme l'écrit Jean-Denis Bredin :

> « Trois coups de revolver détruiront toutes ces illusions. L'un éliminera Caillaux de la scène politique. L'autre provoquera la guerre. Et le troisième tuera Jaurès [1]. »

Le débat reprend après les élections d'avril et mai 1914 qui donnent une écrasante majorité à la gauche : les diverses tendances radicales obtiennent 343 sièges, les socialistes 106, et la

1. Jean-Denis Bredin, *Joseph Caillaux*, *op. cit.*, p. 119.

droite n'obtient que 77 sièges. Le Sénat cède, mais le projet finalement adopté (loi du 15 juillet 1914[1]) est profondément édulcoré. S'il reste l'impôt progressif, il ne comprend plus les impôts cédulaires, son taux maximal est limité à 2 %, et des réductions pour charge de famille en limitent la progressivité. Alors que le projet initial de Caillaux ne prenait pas en compte la situation familiale, le projet définitif introduira au contraire, par les amendements du Sénat, une double réduction pour charge de famille.

Mais la nécessité de financer la guerre va changer les choses. Les impôts cédulaires seront réintroduits en juillet 1917 par le ministre des Finances Alexandre Ribot, qui s'était opposé à l'impôt sur le revenu lors des débats de la Chambre, et la mesure sera adoptée par 462 voix contre une seule, celle de Jules Roche[2]. Les « quatre vieilles » disparaîtront comme impôt d'État mais elles seront maintenues pour les collectivités locales.

Le taux maximal de l'impôt sur le revenu, qui avait été ramené à 2 % lors de la mise en place de l'impôt, passera à 10 % en 1917 puis à 20 % en 1918. Enfin, à partir de 1920, le barème sera établi en taux marginaux avec une structure très rigide des tranches d'impositions.

Si, pour beaucoup d'historiens, le XXe siècle commence avec la Première Guerre mondiale, cela est vrai également de l'impôt sur le revenu : prise en compte de la famille, poids de l'impôt, mode de prélèvement, fraude et évasion fiscale, tels sont les débats qui vont traverser ce XXe siècle. Et bien sûr celui sur la progressivité de l'impôt.

1. L'impôt général sur le revenu : loi du 15 juillet 1914 ; décret du 15 janvier 1916 (en ligne sur Gallica).

2. *Journal officiel*, séance du 18 juillet 2017, p. 1868.

Chapitre 7

Progressivité et redistribution

Conquête du début du XXᵉ siècle, la progressivité de l'impôt s'est accrue fortement à l'occasion des deux guerres mondiales. Elle est restée élevée jusqu'au milieu des années 1980, avant que la concurrence fiscale conduise tous les pays à réduire fortement les taux marginaux supérieurs. Dans cette évolution séculaire, les moteurs ont été les États-Unis et le Royaume-Uni avec une progressivité, à la hausse dans les deux guerres mondiales, à la baisse depuis les révolutions conservatrices des années 1980.

Celle-ci n'est toutefois pas en Europe, et plus encore en France, le facteur déterminant de la réduction des inégalités, la redistribution opérée par les prestations sociales reste largement prédominante.

Inégalités et progressivité de l'impôt en longue période

Les travaux de Thomas Piketty sur les inégalités en longue période ont mis l'accent sur l'évolution inverse, au cours du siècle écoulé, entre les inégalités de revenu et les taux marginaux d'imposition les plus élevés.

Les taux marginaux supérieurs étaient très faibles à la veille de la Première Guerre mondiale. Ils augmentent très rapidement pendant la guerre et dans les années qui suivent, notamment sous l'impulsion des États-Unis et du Royaume-Uni. De la fin des années 1930 au début des années 1980, le taux marginal supérieur reste très élevé dans ces deux pays : 82 % en moyenne aux États-Unis avec une pointe à 91 % de 1950 à 1964, et 95 % en moyenne au Royaume-Uni.

Sur la même période, les taux supérieurs atteignent des niveaux élevés en France (entre 60 et 65 %) et en Allemagne (plus de 50 %), mais nettement moins que dans les pays anglo-saxons, à l'exception de la brève période d'occupation alliée de l'immédiat après-guerre (1945-1949), où l'Allemagne de l'Ouest appliquera des taux « américains ».

Le niveau élevé des taux aux États-Unis dès les années 1920 peut s'expliquer par la crainte que la montée des inégalités ne finisse par conduire l'Amérique à ressembler à la « vieille Europe » profondément inégalitaire du début du XXe siècle. Cette inquiétude fut exprimée dès 1919[1] par le président de l'association des économistes américains, Irving Fisher, qui plaida pour une forte imposition des successions, d'ailleurs mise en œuvre dans les années suivantes.

Étudiant la politique fiscale de vingt pays de 1800 à 2013, Kenneth Scheve et David Stasavage de l'université de Princeton[2] ont montré que la taxation des riches dépend peu de la couleur politique des gouvernements ou de l'importance des inégalités initiales, mais qu'elle a progressé partout pendant les périodes de guerre. Et dans tous les pays ce fut le même argument qui préva-

1. Thomas Piketty, « De l'inégalité en Amérique », blog sur lemonde.fr, 18 février 2016, et Facundo Alvaredo, Anthony B. Atkinson, Thomas Piketty et Emmanuel Saez, « The Top 1 % in International and Historical Perspective », *Journal of Economic Perspective*, vol. 27, n° 3, 2013.

2. Cf. Christian Chavagneux, « Pourquoi taxer davantage les riches », recension du livre *Taxing the Rich*, *Alternatives économiques*, mai 2016.

lut : quand on mobilise la jeunesse pour l'effort de guerre, les plus aisés doivent y participer par une sorte de « conscription des richesses ». Cette politique de taux élevés se poursuivra dans la plupart des pays au cours de ce que l'on a appelé les Trente Glorieuses.

Au début des années 1980, avec les révolutions conservatrices des années Reagan et Thatcher, le taux supérieur de l'impôt sur le revenu va s'effondrer au Royaume-Uni et aux États-Unis, entraînant avec retard les autres pays dans leur sillage jusqu'à ce que la crise mondiale de 2008-2009 et le creusement des déficits publics inversent à nouveau le mouvement.

C'est également dans la décennie 1980 que s'amorce dans la plupart des pays une hausse des inégalités caractérisée principalement par l'explosion des très hauts revenus. Particulièrement forte aux États-Unis, elle ramène le poids de ceux-ci au niveau qui prévalait dans les années précédant la crise de 1929. L'évolution est également très marquée au Royaume-Uni, mais plus modérée en Allemagne et en France.

La baisse du taux marginal supérieur a fait disparaître le caractère dissuasif de la fiscalité qui s'appliquait aux revenus exorbitants. La rémunération moyenne des 150 dirigeants les mieux payés des plus grandes entreprises américaines, qui représentait 82 fois le salaire moyen en 1930, était tombée à 39 fois ce salaire moyen dans les années 1960. À partir des années 1980, ces rémunérations ont augmenté de façon exponentielle pour dépasser 300 fois le salaire moyen[1].

La même évolution a été observée en France. Un président exécutif d'une société du CAC 40 gagnait en moyenne

1. Carola Frydman et Raven E. Saks, « Executive Compensation : A New View from a Long-Term Perspective, 1936-2005 », *The Review of Financial Studies*, vol. 23, 5, 2010, p. 2099-2138.

5,07 millions d'euros en 2017, soit 370 fois le Smic. Cette évolution a été accentuée par la concentration du patrimoine favorisée par la baisse des taux et la forte augmentation des revenus du capital.

Cette augmentation des inégalités n'est d'ailleurs pas étrangère au déclenchement des crises de 1929 et 2008. Elles sont nées l'une et l'autre des dérives de la finance et d'une explosion des inégalités où se conjuguaient l'envolée des hautes rémunérations et la stagnation des salaires modestes. D'un côté, l'endettement des ménages modestes se substituait à la hausse des salaires pour maintenir la progression de la demande, alimentant une croissance artificielle fondée sur l'endettement. De l'autre, la dérive des hautes rémunérations alimentait des prises de risque insensées, entretenues par la multiplication d'innovations financières, qui ont conduit à l'envolée des prix des actifs jusqu'à ce que tout s'effondre lorsque les anticipations des marchés se sont retournées.

Loin de conduire à la croissance forte que promettaient les tenants de l'ultralibéralisme, le creusement des inégalités a conduit par deux fois à une crise mondiale majeure. *A contrario*, les Trente Glorieuses montrent que la réduction des inégalités par l'impôt et une forte régulation financière sont parfaitement compatibles avec une croissance forte et stable. Car non seulement l'Europe continentale qui bénéficiait d'une économie de rattrapage a connu une croissance forte, mais ce fut aussi le cas des États-Unis qui étaient pourtant à la frontière technologique.

Une imposition globale peu progressive

Notre fiscalité est peu progressive. Tout d'abord parce que l'impôt progressif sur le revenu est beaucoup plus faible dans notre pays que dans les nations comparables, en raison du poids prépondérant de la CSG. Même si les retraités et les chômeurs les plus modestes en sont exemptés, le taux moyen de CSG augmente très peu avec le revenu. Quant à l'idée si souvent répandue que seule une moitié de nos concitoyens paieraient l'impôt sur le revenu, elle est évidemment fausse ; non seulement tous les Français ou presque paient la CSG, mais pour 90 % d'entre nous, le poids de la CSG est bien supérieur à celui de l'impôt sur le revenu.

Mais l'impôt sur le revenu augmenté de la CSG n'est qu'une petite partie des prélèvements obligatoires. Que devient la progressivité quand on prend en compte l'ensemble de ces prélèvements ? Et d'abord lesquels pèsent sur les ménages ? Nous sommes tellement habitués à distinguer entre les impôts acquittés par les ménages et ceux qui le sont par les entreprises que l'on aurait tendance à ne retenir que les impôts sur le revenu et sur la consommation. Pourtant, la réponse des économistes est sans équivoque : tous.

La théorie de l'incidence fiscale explique que tous les prélèvements sont en fait payés par les ménages et eux seuls. Les entreprises répercutent leurs impôts soit sur les salaires, soit sur les prix et donc les consommateurs, soit sur les dividendes (en en versant moins ou en accumulant moins de capital en leur nom).

Si donc les ménages paient tous les prélèvements, que peut-on dire de la progressivité de l'ensemble de ces prélèvements ? La question a été étudiée par Camille Landais, Thomas Piketty et Emmanuel Saez dans leur ouvrage sur la révolution fiscale. Comme le montre le graphique suivant qui décompose par groupes de revenu et par impôts le taux de prélèvement obligatoire, le système est légèrement progressif pour les bas revenus et fortement régressif pour les très hauts revenus (à partir des

1 % les plus riches). La progressivité des prélèvements pour les revenus modestes résulte principalement de la dégressivité des cotisations patronales. Mais ces cotisations qui pèsent sur le travail deviennent fortement régressives sur les très hauts revenus constitués majoritairement de revenus du capital.

DÉCOMPOSITION DU TAUX DE PRÉLÈVEMENT SELON LE REVENU (18-65 ANS TRAVAILLANT À AU MOINS 80 % DU PLEIN TEMPS)

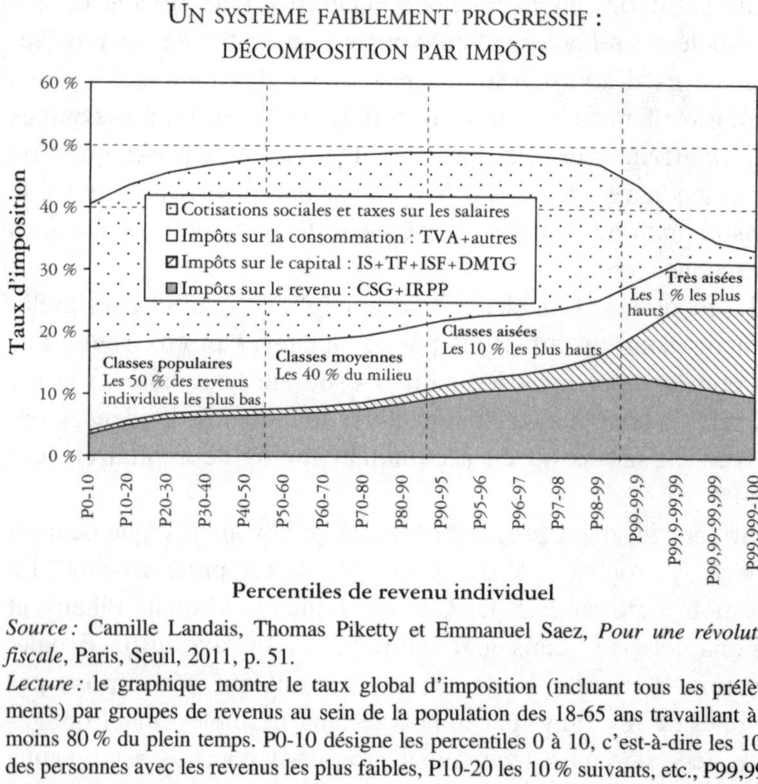

Source : Camille Landais, Thomas Piketty et Emmanuel Saez, *Pour une révolution fiscale*, Paris, Seuil, 2011, p. 51.

Lecture : le graphique montre le taux global d'imposition (incluant tous les prélèvements) par groupes de revenus au sein de la population des 18-65 ans travaillant à au moins 80 % du plein temps. P0-10 désigne les percentiles 0 à 10, c'est-à-dire les 10 % des personnes avec les revenus les plus faibles, P10-20 les 10 % suivants, etc., P99,999-100 désigne les 0,001 % les plus riches.

Les impôts indirects qui pèsent sur la consommation (TVA...) sont régressifs car la consommation représente l'essentiel de la dépense pour les faibles revenus, ce qui n'est plus le cas lorsqu'on monte dans l'échelle des revenus. En outre, la structure de la consommation par catégorie de revenu accentue encore cette régressivité. Malgré des taux de TVA réduits sur certains produits de première nécessité, les produits soumis aux droits d'accise qui sont fortement taxés (par exemple, les carburants) pèsent plus dans le budget des ménages modestes. Ces impôts indirects représentent 15 % du revenu des actifs les plus modestes et seulement 5 % du revenu des 1 % les plus riches. Cette évaluation concerne les actifs avec un emploi proche du temps plein ; lorsqu'on l'élargit à l'ensemble de la population, le caractère régressif des impôts indirects est encore beaucoup plus marqué[1].

C'est en définitive l'imposition du capital (ISF, droits de succession, taxes foncières), et plus particulièrement l'ISF, qui limite la dégressivité de l'impôt pour les plus fortunés de nos concitoyens.

L'ISF un impôt moderne

Contrairement à d'autres impôts sur le patrimoine (taxe foncière notamment), qui ne sont pas déclaratifs et dont les assiettes remontent aux années 1970, l'ISF est un impôt moderne, déclaratif, dont les bases sont révisées chaque année. En outre, à la différence de la taxe foncière qui taxe le capital brut – sans tenir

1. Rapport du Conseil des prélèvements obligatoires « Prélèvements obligatoires sur les ménages : progressivité et effets redistributifs » de mai 2011, p. 121 (disponible sur le site de la Cour des comptes).

compte de l'endettement qui a permis d'acquérir le bien –, l'ISF taxait le capital net des dettes.

Les impôts sur le capital ont été supprimés dans beaucoup de pays soit pour des raisons de concurrence fiscale, soit parce qu'ils étaient assis, comme nos taxes foncières, sur des évaluations obsolètes du capital. Ce fut le cas, par exemple, de la suppression de l'impôt sur la fortune allemand souvent évoquée dans notre pays par les opposants à l'ISF. En réponse à une question préjudicielle de constitutionnalité, demandant s'il était permis que l'impôt sur la fortune soit calculé en prenant en compte une évaluation de la propriété immobilière remontant à 1964, tandis que celle d'autres avoirs reposait sur leur valeur réelle, la Cour de Karlsruhe déclara dans son arrêt du 22 juin 1995 ces modalités d'évaluation contraires à la loi fondamentale et donna au législateur jusqu'au 31 décembre 1996 pour les réviser. Cet arrêt conduisit le chancelier Kohl à renoncer en 1997 à percevoir l'impôt plutôt qu'à en réévaluer les bases.

En pourcentage du PIB ou des recettes fiscales, la France fait partie, avec les États-Unis et le Royaume-Uni, des pays où la taxation du patrimoine reste la plus forte. En 2016, elle représentait 9 % de l'ensemble des recettes fiscales en France, 10,2 % aux États-Unis, 12,6 % au Royaume-Uni, mais seulement 2,8 % en Allemagne, 6 % en Italie, et 5,9 % en moyenne dans l'OCDE. De l'ordre de 5 milliards d'euros avant sa quasi-suppression, l'ISF était relativement modeste comparé aux autres grandes composantes de la taxation du patrimoine : les taxes foncières représentent en effet 38,7 milliards d'euros et les droits de mutation 13 milliards.

La concurrence fiscale a conduit la plupart des pays à abandonner la taxation des facteurs mobiles, c'est-à-dire le capital financier, et à la reporter sur le secteur immobilier. Avec comme résultat une forte augmentation des inégalités de patrimoine. Car les gros patrimoines ne sont pas des patrimoines immobiliers mais des patrimoines financiers. Et, comme nous l'avons évoqué dans le chapitre 1, la réforme qui consiste, dans la loi de finances 2018, à transformer l'ISF en impôt sur la richesse immobilière revient à exonérer les plus grosses fortunes de cet impôt.

Or la taxation progressive de l'ensemble du capital est nécessaire à la justice fiscale car les revenus du capital financier sont difficiles à évaluer et faciles à dissimuler. En taxant raisonnablement le patrimoine, on complète la progressivité de l'impôt sur le revenu, clairement défaillante pour les hauts revenus.

En outre, comme le propose Thomas Piketty dans son ouvrage sur *Le Capital au XXIe siècle*[1], dans un contexte où la rentabilité du capital est durablement supérieure à la croissance, un tel impôt est indispensable si l'on veut éviter une concentration des richesses comparable à ce qu'elle fut avant la Première Guerre mondiale, privilégiant les rentiers au détriment des entrepreneurs.

La réduction des inégalités résulte plus des prestations sociales que de l'impôt

On peut avoir une première idée de la redistribution que réalise l'ensemble des prélèvements et des prestations sociales en comparant les deux extrêmes : les 10 % les plus pauvres et les 10 % les plus riches (tableau suivant).

Sans redistribution, le revenu mensuel des 10 % les plus pauvres serait de 281 € (revenus d'activité ou de remplacement), soit moins de 10 € par jour. Les allocations familiales, les aides au logement et les minima sociaux apportent 538 €, soit les

1. Seuil, 2013.

deux tiers du niveau de vie (821 €), qui reste cependant loin du seuil de pauvreté (1 051 € en 2015).

IMPACT DES IMPÔTS ET PRESTATIONS SOCIALES SUR LE NIVEAU DE VIE DES 10 % PLUS RICHES ET DES 10 % PLUS PAUVRES

	10 % les plus pauvres (€)	10 % les plus riches (€)	Rapport revenus
Niveau de vie avant redistribution	**281**	**5 939**	**21,1**
Cotisations famille, CSG CRDS + Taxe d'habitation	– 17	– 508	(20,6)
Impôt sur le revenu (y compris PPE)	+ 5	– 785	(17,3)
Prestations familiales aides au logement et minima sociaux	553	20	(7,1)
Niveau de vie après redistribution	**821**	**4 666**	**5,7**

Source : Anne Brunner et Louis Maurin, Observatoire des inégalités, 16 janvier 2018 (en ligne).
La colonne de droite indique le rapport entre les revenus extrêmes avant et après redistribution. Les chiffres entre parenthèses sont la valeur du rapport de revenu, lorsque seule la ligne concernée est prise en compte.

Les 10 % les plus riches ont un revenu mensuel avant impôt et redistribution de 5 939 €, soit 21,2 fois le revenu des 10 % les plus pauvres. Après redistribution résultant des impôts et des prestations, l'écart de revenu tombe à 5,7.

Quelle est la part de chacun des impôts et des prestations dans cette réduction des inégalités ? On peut en avoir une idée en calculant l'impact de chacune des composantes. La CSG, les cotisations et la taxe d'habitation étant pratiquement des impôts proportionnels, elles ont très peu d'effets sur la réduction des inégalités (le rapport passe de 21,1 à 20,6). Du fait de sa progressivité, l'impôt sur le revenu a un impact plus fort, réduisant le rapport à 18. Mais c'est clairement l'ensemble des prestations qui a l'effet le plus important sur la réduction des inégalités (le rapport tombe à 7,1).

Une comparaison internationale confirme ce résultat. À partir des travaux de l'OCDE et de la DREES, détaillés dans le rapport du Haut Conseil du financement de la protection sociale de 2014 [1], on peut montrer que les inégalités initiales de revenu sont principalement réduites en Europe par la protection sociale et beaucoup moins par l'impôt, tout particulièrement en France. Aux États-Unis, au contraire, c'est essentiellement l'impôt qui réduit les inégalités, le rôle de la protection sociale étant très modeste. Les inégalités de revenus sont faibles en Suède (et plus généralement en Europe du Nord) à la fois parce que les inégalités initiales de revenu sont faibles et que la redistribution reste importante.

En France, les prestations (y compris les allocations chômage) contribuent fortement à la réduction des inégalités (78 %) alors que les impôts contribuent seulement à 22 % de cette réduction. À titre de comparaison, l'estimation présentée dans le rapport du Conseil des prélèvements obligatoires de mai 2011 [2], qui inclut, comme la

1. Rapport sur le financement de la protection sociale en Europe.

2. Conseil des prélèvements obligatoires, « Prélèvements obligatoires sur les ménages : progressivité et effets redistributifs », mai 2011, p. 166 (en ligne sur le site de La Documentation française).

plupart des études françaises, les allocations chômage dans les revenus initiaux et non dans les prestations, conclut que la réduction des inégalités résulte pour 2/3 des prestations et pour 1/3 des impôts.

Si nous résumons les différentes études en partant d'un revenu initial n'incluant pas les allocations chômage, on peut décrire l'impact de chacune des composantes dans la réduction des inégalités de la façon suivante :

– 25 % résultent des allocations chômage ;

– 50 % des prestations sociales (prestations familiales, logement et minima sociaux) ;

– 25 % des impôts directs (principalement impôt sur le revenu).

Le résultat qui demeure est la relative faiblesse de la réduction des inégalités résultant de l'imposition de revenus. Le plus gros de nos deux impôts sur le revenu, la CSG, n'étant pas progressif, il n'a pas d'impact direct sur la réduction des inégalités.

Rendre la CSG progressive ?

Une première voie pour redonner une cohérence à notre imposition des revenus consiste à reprendre le chemin de la dégressivité de la CSG pour des salaires proches du Smic, en l'appliquant à l'ensemble des actifs, salariés et non salariés, pour ne pas encourir une censure du Conseil constitutionnel, comme en 2015 (voir chapitre 3). C'est la réforme fiscale que j'ai élaborée à la demande d'Arnaud Montebourg lors de la campagne des primaires du Parti socialiste de 2017 et qui s'inscrivait dans le prolongement de l'amendement cosigné avec Jean-Marc Ayrault[1].

1. « Rendre notre imposition plus juste et plus cohérente par une baisse de CSG sur les revenus inférieurs à 1,5 SMIC. » Note pour Arnaud Montebourg (sur le site pierrealainmuet.fr, 4 janvier 2017)

Une dégressivité de la CSG sur tous les revenus d'activité inférieurs à 1,5 Smic pour un coût de 7 milliards d'euros redonne une cohérence complète à l'imposition des revenus comme le montre le graphique suivant. Le taux de CSG débute à 1 % pour un revenu égal au Smic horaire (à temps partiel ou à temps complet) et augmente linéairement, pour rejoindre le taux de 8 % applicable à l'époque (2017) à 1,5 Smic. Il n'est pas nécessaire de fusionner l'impôt sur le revenu et la CSG, deux impôts profondément différents, pour redonner une progressivité totale à notre imposition des revenus. Le taux global d'imposition (rapporté à l'assiette de la CSG dans ce graphique) rétablit une imposition progressive du revenu.

TAUX D'IMPOSITION GLOBAL (IR + CSG) RÉSULTANT DE LA CSG DÉGRESSIVE (EN % DE L'ASSIETTE DE LA CSG)

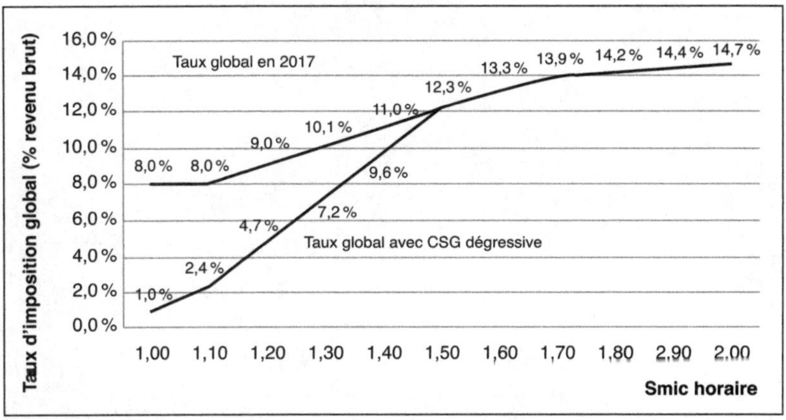

Source : pierrealainmuet.fr, 4 janvier 2017. Le graphique représente les taux d'imposition globaux (CSG + IR), exprimés en pourcentage du revenu qui correspond à l'assiette de la CSG. Dans la note citée, les taux étaient exprimés en pourcentage de l'assiette de l'IR beaucoup plus étroite.

Prenant en compte la situation familiale (revenu fiscal de référence) au moment de la détermination de l'impôt sur le revenu du foyer (voire dès le prélèvement à la source) et s'appliquant à tous les contribuables, cette réforme répond à l'ensemble des critiques qui avaient conduit à la censure de la CSG dégressive en 2000 (absence de prise en compte du revenu du foyer) et en 2015 (rupture d'égalité entre salariés et non-salariés).

Cette réforme ne dispense pas d'une politique de lutte contre la pauvreté. Elle rend inutile une partie de la prime d'activité, qu'il faut recentrer sur la lutte contre la pauvreté. Le chapitre 12 montre qu'on peut réconcilier les deux approches en intégrant le revenu universel dans l'imposition des revenus.

Chapitre 8

Une singularité française : le quotient familial

Le projet initial de Caillaux ne prenait pas en compte la taille de la famille, la loi adoptée le 15 juillet 1914 introduira au contraire une double réduction pour charge de famille.

La prise en compte des avantages familiaux divisera profondément la gauche et la droite dans les années 1930. Le cartel des gauches puis le Front populaire réduiront des avantages qui bénéficiaient surtout aux revenus élevés, tandis que la droite les rétablira en revenant au pouvoir.

La mise en place du quotient familial en 1945 va donner sa forme actuelle à l'impôt sur le revenu. La France fut le seul pays à passer d'un système de déduction forfaitaire qui existait à peu près partout à un quotient familial bien plus avantageux pour les familles aisées. Cette singularité française est d'autant plus étonnante qu'elle fut votée par l'une des Assemblées les plus à gauche de l'histoire et au moment même où les femmes obtenaient enfin le droit de vote dans notre pays.

Le débat sur les avantages familiaux se poursuit jusqu'à nos jours, étant, avec la progressivité, l'un des marqueurs du clivage gauche-droite. Alors que les profondes transformations de la famille depuis la Seconde Guerre mondiale, et notamment la forte augmentation de l'activité féminine, conduisent dans presque tous les pays à une individualisation de l'impôt, la France reste à l'écart de cette évolution. Le quotient familial, héritage d'une période où la famille se résumait encore au chef de famille et où la femme ne pouvait ni exercer un métier ni ouvrir un compte en banque sans l'autorisation de son époux, fait en effet figure d'exception dans l'impôt sur le revenu des pays industrialisés. Une exception d'autant plus étonnante qu'entre-temps un autre impôt sur le revenu, la CSG, créé pour financer la protection sociale, s'appuie sur une imposition strictement individualisée.

L'évolution de la prise en compte de la famille dans l'entre-deux-guerres

Comme dans le projet initial de Caillaux, le contribuable de la loi du 15 juillet 1914 était le chef de famille et la déclaration concernait l'ensemble des revenus de la famille. L'article 8 de la loi stipulait que « chaque chef de famille[1] est imposable tant en raison de ses revenus personnels que de ceux de sa femme et des autres membres de la famille qui habitent avec lui ». Il reconnaissait la possibilité d'une imposition distincte lorsque « la femme séparée de biens ne vivait pas avec son mari, ou lorsque les enfants tiraient un revenu de leur propre travail ou d'une fortune indépendante de celle du chef de famille ».

À la suite des amendements du Sénat, la loi instaurait une double déduction pour personnes à charge. Un premier ensemble de déductions forfaitaires relevait les seuils d'imposition pour les couples mariés et les enfants à charge : le seuil de 5 000 francs fixé par la loi Caillaux de 1909 était conservé pour un célibataire, mais il passait à 9 000 francs pour un contribuable marié

1. La notion de chef de famille a été supprimée par la loi du 29 décembre 1982 et remplacée dans l'avis d'imposition par Madame ou Monsieur.

avec deux enfants. Un second ensemble réduisait l'impôt d'un certain pourcentage en fonction du nombre de personnes à charge.

La loi de 1914 fut complétée par celle du 31 juillet 1917 qui créait les impôts cédulaires – six impôts s'appliquant à différentes catégories de ressources (foncier, valeurs mobilières, salaires, bénéfices agricoles, industriels et non commerciaux) – du projet Caillaux voté en 1909. Alors que l'impôt général sur le revenu concernait tous les revenus du foyer, les impôts cédulaires étaient individualisés. L'impôt cédulaire sur les salaires était calculé séparément pour chaque salarié du foyer et il en était de même pour l'impôt sur les bénéfices. Enfin, les impôts payés sur les revenus de l'année précédente étaient déductibles de l'impôt dû au titre de l'année en cours, une propriété qui provoquera d'importantes fluctuations à l'impôt et disparaîtra en 1945.

La loi du 25 juin 1920 restructurera complètement l'impôt sur le revenu. Le barème qui commençait à partir de 6 000 francs de revenu pour un célibataire était exprimé en taux marginaux et comprenait 25 tranches avec un taux maximal de 50 %. Les réductions d'impôt pour charge de famille devenaient différenciées selon que le revenu du foyer était supérieur ou inférieur à 10 000 francs. Simultanément, elle aggravera les écarts d'imposition entre les ménages avec et sans enfants en instaurant un système de majoration d'impôt de 25 % pour les contribuables célibataires et de 10 % pour les contribuables mariés sans enfants au bout de deux ans de mariage. Après la guerre, la fiscalité devait encourager les grandes familles. Le taux marginal applicable aux célibataires (et aux divorcés) atteignait ainsi 62,5 %. Il s'agissait pour la chambre du Bloc national de faire valoir que « l'effort fiscal exigé de tous était encore plus important pour ceux qui ne contribuaient pas à accroître la population nationale ».

Dans le journal socialiste *Le Populaire* du 21 avril 1920[1], à la suite de l'éditorial de Louise Bodin dénonçant cette taxe sur les célibataires, l'article de Jean Longuet intitulé « Le pays où l'on fait payer les riches » expliquait qu'au même moment au Royaume-Uni, alors que les avantages familiaux étaient significatifs pour des revenus modestes et moyens, ils étaient pratiquement sans effets pour les grandes fortunes en raison de plafonnements beaucoup plus importants. Une leçon qui sera retenue par le Front populaire.

L'écart entre célibataires et couples mariés sera fortement accentué en 1934 par le gouvernement dit « d'union nationale » de Gaston Doumergue[2], nettement marqué à droite. Les déductions forfaitaires pour charge de famille seront augmentées et la majoration applicable aux célibataires et divorcés sans enfants passera de 25 à 40 % et celle applicable aux couples mariés sans enfants de 10 à 20 %. Cette majoration sera même étendue aux veufs sans enfants qui avaient été épargnés par la loi de 1920.

Deux ans plus tard, le gouvernement de Léon Blum et son ministre des finances Vincent Auriol, qui deviendra président de la République sous la IVe République, vont modifier à la fois la progressivité de l'impôt (en retenant un barème en taux moyen) et la prise en compte de la famille. La loi du 31 décembre 1936 réduira les déductions forfaitaires pour charges de famille de façon dégressive pour un revenu imposable supérieur à

1. En ligne sur le site de la BnF. Louise Bodin (1877-1929), journaliste féministe, rejoindra le PCF au Congrès de Tours ; Jean Longuet (1876-1938), député et dirigeant de la SFIO (avant et après la scission avec le PCF), petit-fils de Karl Marx. Profondément internationaliste, il exprimera l'opposition des socialistes au Traité de Versailles dans un discours célèbre à la Chambre en septembre 1919.

2. Gaston Doumergue, président du Conseil en 1914, le redeviendra à la suite des émeutes de 1934, après avoir été président de la République (1924-1931).

75 000 francs (ce qui représentait entre cinq et sept fois le salaire annuel ouvrier) et les augmentera au contraire au-delà du troisième enfant pour les revenus inférieurs à ce seuil. Par ailleurs, les taux de majoration pour les ménages sans enfants, augmentés deux années plus tôt par le gouvernement Doumergue, seront abaissés à 30 % pour les célibataires et à 15 % pour les couples mariés. Enfin, dans ce gouvernement qui, pour la première fois de l'histoire, comprenait des femmes, ces majorations seront supprimées pour les femmes célibataires dont le revenu ne dépassait pas 75 000 francs.

Les choses vont changer avec le régime de Vichy. L'émancipation des femmes et les familles sans enfants étant pour les idéologues de la « Révolution nationale » l'une des causes de la défaite, le retour de la femme au foyer et la promotion de la famille nombreuse seront les objectifs poursuivis aussi bien par la fiscalité que par les mesures répressives (loi du 11 octobre 1940 qui interdit l'embauche de femmes mariées dans la fonction publique, la répression du divorce, la réduction du salaire des fonctionnaires de plus de trente-cinq ans sans enfants...). Mais, comme dans d'autres domaines (les besoins de main-d'œuvre féminine de l'industrie), cette politique se heurtera à la réalité et le régime de Vichy ne pourra guère, dans le domaine fiscal, aller au-delà du retour à la situation qui prévalait avant le Front populaire.

La réforme de 1945 et la création du quotient familial

Le programme du Conseil national de la Résistance, qui comportait des réformes fondamentales comme la création de la Sécurité sociale et les nationalisations, évoquait seulement en matière fiscale « l'établissement d'un impôt progressif sur les bénéfices de guerre », pour éviter de reproduire « le scandale des nouveaux riches de l'autre après-guerre », comme l'exprimera Pierre Mendès France, alors ministre de l'Économie nationale du gouvernement provisoire en 1944.

L'innovation va venir de la loi de finances du 31 décembre 1945. En supprimant les déductions forfaitaires pour charge de famille qui avaient prévalu de 1914 à 1944 et en instaurant le quotient familial, elle va donner sa forme actuelle à l'impôt sur le revenu.

Si, aujourd'hui encore, certains y compris à gauche sanctuarisent le quotient familial en y voyant le pendant – côté fiscal – de la création de la Sécurité sociale, force est de reconnaître que cette création s'inscrit dans la continuité d'une conception de la famille qui privilégie le modèle familial de la femme au foyer et de la famille nombreuse.

Le principe de quotient familial dans sa version la plus simple consiste à attribuer une part à chaque adulte du couple, une demi-part aux enfants et à appliquer la progressivité de l'impôt au revenu divisé par le nombre de parts. L'impôt dû est ensuite égal au produit de la cotisation ainsi obtenue par le nombre de parts. Dans un système progressif, le quotient familial est d'autant plus favorable que le nombre de parts est élevé et que l'écart entre les revenus des deux membres du couple est fort : c'est le système fiscal type de la femme au foyer (qui pour le taux d'imposition divise par deux le revenu du mari) et de la famille nombreuse.

Sous des apparences scientifiques (le quotient familial prend en compte la taille de la famille en s'inspirant des échelles d'équivalence utilisées pour l'évaluation du pouvoir d'achat), mais en apparence seulement comme nous le verrons plus loin, il perpétuait en fait le système antérieur. Il le perpétuait d'autant plus qu'il reprenait certaines caractéristiques de ce système. La loi n'accordant que 1,5 part aux couples mariés sans enfants à charge après trois ans de mariage au lieu de 2 parts était un héritage direct des majorations d'impôts de 1920. Elle sera heureusement supprimée par la loi du 24 mai 1951 qui attribuera 2 parts à tous les couples mariés sans enfant à charge. Les célibataires divorcés ou veufs qui n'avaient plus d'enfants à charge mais avaient eu des enfants aujourd'hui majeurs ou décédés bénéficiaient également d'une demi-part supplémentaire (c'est l'origine de la « demi-part des veuves »).

Le quotient familial ne fut jamais pleinement accepté à gauche, même s'il est aujourd'hui curieusement idéalisé par certains partis de gauche. En 1947, la CGT, soulignant que « les charges de familles n'ont aucune raison d'être progressives avec le revenu », proposait de le supprimer et de le remplacer par des réductions d'impôt forfaitaires par enfant à charge. Cette proposition était mise en relation avec le caractère universel des allocations familiales où « tous les enfants donnent droit à une allocation d'un même montant quel que soit le revenu des parents ». La proposition s'accompagnait d'une autre réforme fondamentale : « le passage de l'imposition sur les revenus de l'année précédente à l'imposition des revenus de l'année en cours », avec un prélèvement à la source mensuel sur les salaires. Tant par la prise en compte de la famille que par son mode de prélèvement, la proposition de la CGT de mars 1947, sur laquelle nous reviendrons, anticipait les débats sur la réforme de l'impôt sur le revenu développés soixante-dix ans plus tard ! De son côté, le PCF publiait en mars 1947 un projet qui, s'il ne remettait pas en cause le quotient familial qu'il avait voté en 1945, en réduisait l'impact en retenant 0,25 part par enfant à charge et non 0,5.

De même que le Front populaire avait corrigé les déductions pour enfants à charge instaurées par le Bloc national pour les rendre plus égalitaires, les gouvernements de gauche qui se sont succédé réduisirent l'effet le plus inégalitaire du quotient familial en le plafonnant. Créé sous le premier gouvernement de Pierre Mauroy (1981), ce plafond fut abaissé sous le gouvernement de Lionel Jospin (1998), puis par deux fois sous celui de Jean-Marc Ayrault.

En sens contraire, alors que la loi de 1945 traitait tous les enfants d'un même couple de la même façon, chacun comptant pour une demi-part, les gouvernements de droite ajoutèrent une demi-part supplémentaire au troisième enfant sous Raymond Barre en 1980, puis à tous les enfants à partir du troisième sous Jacques Chirac (1986). Le système s'est encore complexifié avec l'attribution de demi-parts supplémentaires (veufs, invalides, parents isolés…).

Comme le souligna le Conseil des impôts en 2000 : « L'octroi de demi-parts supplémentaires pour des raisons autres que des différences de composition familiale a détourné le quotient familial de son objectif initial et lui a fait perdre une partie de sa cohérence. »

Le quotient familial singularité française

La pérennité du quotient familial a eu deux conséquences : la première est de maintenir l'imposition commune (le quotient conjugal) alors que depuis un demi-siècle, pour tenir compte de l'évolution de la société, presque tous les pays sont passés à l'imposition individuelle ou, du moins, ont laissé au contribuable le choix entre l'imposition individuelle et l'imposition commune. La seconde conséquence (le quotient familial) est de réaliser une redistribution à rebours entre les familles modestes qui n'en bénéficient pas (quand ils sont non imposables) ou peu et les familles aisées qui sont les principaux bénéficiaires, là où la plupart des pays introduisent des crédits d'impôts constants par enfants.

Jusqu'au début des années 1970, l'imposition commune des couples mariés était la règle. Sur les treize pays d'Europe de l'Ouest recensés, seule la Grèce appliquait en 1970 l'imposition séparée ; tous les autres appliquaient l'imposition commune. Trente ans plus tard, la situation s'était totalement inversée. En 1999, l'imposition séparée était devenue majoritaire comme le montre le tableau suivant, et en 2007, il ne restait plus que les trois pays appliquant depuis longtemps le quotient familial (France, Portugal et Luxembourg) à maintenir strictement une imposition commune. Quant aux pays d'Europe de l'Est entrés dans l'Union européenne en 2004, aucun n'applique l'imposition commune.

ÉVOLUTION DES SYSTÈMES D'IMPOSITION DES COUPLES DANS LES PAYS DE L'UNION EUROPÉENNE

Mode d'imposition				
	1970	**1990**	**1999**	**2007**
Allemagne	Commune	Commune	Commune	Commune (Séparée)
Autriche	Commune	Séparée	Séparée	Séparée
Belgique	Commune	Commune	Séparée	Séparée
Danemark	Commune	Séparée	Séparée	Séparée
Espagne	Commune	Optionnelle	Séparée (Commune)	Séparée (Commune)
Finlande	Commune	Séparée	Séparée	Séparée

	1970	1990	1999	2007
France	Commune	Commune	Commune	Commune
Grèce	Séparée	Séparée	Séparée	Séparée
Irlande	Commune	Commune	Commune (Séparée)	Commune (Séparée)
Italie	Commune	Séparée	Séparée	Séparée
Luxembourg	Commune	Commune	Commune	Commune
Norvège	Optionnelle	Optionnelle	Optionnelle	Optionnelle
Pays-Bas	Commune	Séparée	Séparée	Séparée
Portugal	Variable	Commune	Commune	Commune
Royaume-Uni	Commune	Séparée	Séparée	Séparée
Suède	Commune	Séparée	Séparée	Séparée
Estonie, Pologne République tchèque	nd	nd	nd	Optionnelle
Hongrie, Lettonie, Lituanie, Slovaquie, Slovénie	nd	nd	nd	Séparée

Source : D. Meulders, P. Humblet, L. Maron et G. Amerijckx, « Politiques publiques pour promouvoir l'emploi des parents et l'inclusion sociale », 2010, cité dans Catherine Collombet, « Focus – La fiscalité familiale en Europe », *Informations sociales*, 2013/1, p. 114-118 (en ligne sur cairn.info).

Dans presque tous les pays européens, l'imposition individuelle ou le choix entre imposition individuelle et imposition commune est donc devenu la règle, même si parfois le conjoint est pris en compte dans le montant de l'impôt dû. Outre l'imposition commune stricte, on peut distinguer trois systèmes dans les pays de l'OCDE.

1/ Un système d'imposition séparée pur, sans prise en compte du conjoint : Autriche, Danemark, Finlande, Grèce, Hongrie, Italie, Pays-Bas, Suède, Royaume-Uni. Au Royaume-Uni, l'imposition séparée existe depuis 1990. Lors de la suppression de l'imposition commune, le gouvernement de Margaret Thatcher aménagea une allocation pour couples mariés, pour en atténuer les effets sur les couples mariés avec enfants. Cet abattement qui concernait principalement les revenus élevés a été supprimé en 2000, sauf pour les couples dont l'un des conjoints était né avant décembre 1935. En 2015, le gouvernement de David Cameron a réintroduit un avantage pour les couples mariés, en permettant de transférer 1 000 £ de leur crédit d'impôt à leur conjoint ou partenaire à condition qu'aucun des membres du couple ne soit dans la tranche la plus élevée de l'impôt.

2/ Une imposition séparée avec des abattements ou des crédits d'impôts. Certains pays appliquent ces abattements lorsque le revenu du conjoint est faible. C'est le cas en Australie, République tchèque, Japon, République slovaque et au Canada. D'autres appliquent des abattements ou des crédits d'impôt pour les deux conjoints quelle que soit leur situation, avec la possibilité de report de cet avantage sur le conjoint ayant le plus fort revenu (Belgique, Islande). En Belgique le principe est l'imposition commune avec taxation séparée des revenus : si les revenus professionnels de l'un des conjoints sont inférieurs à 30 % des revenus du couple, une fraction des revenus de l'autre conjoint peut lui être attribué. En outre, sur la base des déclarations de chaque conjoint, les services fiscaux appliquent d'office le quotient conjugal si celui-ci est plus favorable.

3/ De nombreux pays ouvrent aux couples l'option entre une imposition conjointe et une imposition individualisée : l'Allemagne, l'Irlande, les États-Unis ont un système d'imposition jointe, mais ouvrent aux couples la possibilité d'une imposition séparée. En Norvège, Pologne, Espagne, le régime par défaut est au contraire l'imposition séparée, mais les contribuables peuvent choisir l'imposition jointe.

Dans la réalité, les choses sont encore plus complexes, car beaucoup de systèmes fiscaux autorisent le transfert entre époux pour certains abattements. Le Danemark pratique, par exemple, l'imposition individuelle de chaque partenaire, mais, pour les couples mariés, toute déduction d'impôt applicable à l'un des deux époux peut être transférée à son conjoint.

S'agissant de la prise en compte des enfants dans l'imposition des revenus, on peut distinguer également trois groupes de pays. Les pays scandinaves (Danemark, Finlande, Suède) ne prennent pas en compte la situation familiale dans l'imposition, mais ont un système d'allocations familiales très développé.

Les pays où l'avantage fiscal par enfant est le même quel que soit le revenu du foyer (Belgique, Royaume-Uni, Italie, Grèce, Hongrie). Cet avantage fiscal peut être une réduction d'impôt forfaitaire ou un crédit d'impôt forfaitaire. Le crédit d'impôt est plus égalitaire puisqu'il s'applique également aux ménages non imposables.

Les pays qui appliquent un avantage par enfant qui augmente avec le revenu. C'est le cas de la France, du Luxembourg et du Portugal qui appliquent le quotient familial. Au Portugal, depuis la réforme de 2015, la prise en compte de l'enfant est toutefois plus proche des échelles d'équivalence qu'en France (0,3 part au lieu de 0,5). L'Allemagne et l'Espagne appliquent un abattement forfaitaire du revenu imposable. Du fait de la progressivité de l'impôt, le taux marginal qui s'applique à cet abattement est croissant avec le revenu et la réduction d'impôt augmente avec le revenu. C'était d'ailleurs le type d'abattement introduit par le Sénat dans la législation française de 1915.

Le quotient conjugal : une subvention à l'inégalité au sein du couple

Le quotient conjugal façonne notre imposition depuis si longtemps que l'on évoque rarement les inégalités qui en résultent. Pourtant, il est source d'une triple inégalité.

La première est l'inégalité au sein du couple. Le quotient conjugal consiste en effet à fixer le barème d'imposition en fonction du revenu moyen du couple. On le présente souvent comme une subvention aux couples mariés ou pacsés vis-à-vis des célibataires. En réalité, le quotient conjugal ne subventionne pas principalement le couple, mais l'inégalité au sein du couple. Si les deux membres du couple ont le même revenu, le revenu moyen par part est égal à celui de chaque conjoint et il n'y a pas de différence entre l'imposition individuelle et l'imposition commune.

Le quotient conjugal ne joue en effet que lorsque les deux revenus sont inégaux et son impact est d'autant plus fort que cette inégalité de revenu est forte, notamment pour des revenus élevés. En d'autres termes, le quotient conjugal ne crée un gain que parce qu'il contrarie les effets de la progressivité du barème, le revenu élevé de l'un des membres du couple se voyant moins taxé grâce au revenu moins élevé de l'autre qui est en revanche surtaxé. En outre, à la différence du quotient familial, il n'est limité par aucun plafond mais seulement par le fait qu'il n'a plus d'effet lorsque le revenu du couple est supérieur à deux fois le seuil de la tranche marginale la plus élevée.

Le conjoint ayant le revenu le plus faible est pénalisé par un taux marginal d'imposition supérieur à celui qui serait justifié par son revenu. Plus l'écart de revenu est grand entre les deux conjoints, plus l'avantage fiscal de l'imposition commune est élevé pour le foyer et plus grande est l'inégalité entre les deux apporteurs de revenus ; une inégalité qui n'est pas sans conséquence sur le taux d'activité du conjoint ayant le revenu le plus faible. Dans ses rapports sur l'égalité homme-femme, l'OCDE invite le gouvernement français à « encourager l'activité féminine en optant pour l'imposition individuelle des revenus ».

La seconde est une inégalité entre couples ayant le même revenu moyen, mais où l'un est biactif, l'autre monoactif. Le quotient conjugal revient en effet à considérer qu'un foyer constitué par exemple de deux salariés gagnant chacun 1 500 €, et un foyer où seul l'un des deux conjoints travaille avec un revenu égal à 3 000 € ont la même faculté contributive. Pourtant, pour le même revenu global de 3 000 €, le premier foyer travaille deux fois plus que le second et sa rémunération par heure travaillée est deux fois plus faible. Si l'égalité au regard de l'impôt était mesurée par le revenu en heures travaillées, alors l'imposition individuelle serait plus juste que l'imposition commune.

Enfin, le quotient conjugal retenu pour l'imposition des revenus ne prend pas en compte les économies d'échelle liées à la vie en couple, telles que les appréhendent les échelles d'équivalence de l'OCDE et de l'Insee. Pour un couple sans enfants, le quotient conjugal retenu dans les échelles d'équivalence pour mesurer les écarts de revenus entre ménages est de 1,5 et non de 2. En d'autres termes, la présence d'un second adulte ne double pas le coût de la vie du foyer, car nombre de dépenses sont communes. Un quotient conjugal de 2 tend donc implicitement à favoriser les couples relativement aux célibataires.

Si le quotient conjugal est favorable aux couples aisés, il ne l'est pas forcément pour tous les couples. Selon une étude de l'Insee[1], si 60 % des couples bénéficiaient d'une réduction d'impôt du fait du quotient conjugal, 21 % auraient gagné au contraire à une imposition séparée.

Quotient familial et équité

S'agissant de la famille, le quotient familial pose un autre problème : l'impôt doit-il traiter différemment les enfants d'une famille riche et ceux d'une famille pauvre ? S'il est incontestable qu'une famille riche dépense plus pour l'entretien et l'éducation d'un enfant qu'une famille pauvre, ce résultat doit-il être pris en compte dans l'impôt ? Oui, répondent les partisans du quotient familial qui font valoir que les familles avec enfants devraient avoir le même niveau de vie que les personnes sans enfants ayant les mêmes revenus primaires. Comme pour le quotient conjugal, cela supposerait que le quotient familial soit proche des unités de consommation, ce qui n'est pas le cas. L'Insee compte 0,3 unité de consommation pour un enfant de moins de 14 ans et 0,5 pour les autres adultes du couple (y compris les enfants de plus de 14 ans). Par ailleurs, la demi-part supplémentaire au troisième enfant donne un avantage qui n'a aucun lien avec les échelles d'équivalence.

Mais surtout, comme l'analyse Christiane Marty, cette conception de l'équité horizontale des ménages est plus que discutable :

1. Alexis Eidelman, « L'imposition commune des couples mariés ou Pacsés : un avantage qui n'est pas systématique », *Insee Analyses*, n° 9, 30 mai 2013.

« […] on peut tout autant lui opposer une équité horizontale qui ciblerait les enfants et non les parents et qui viserait à assurer à chaque enfant un niveau de vie convenable quel que soit le revenu des parents[1] ». Si l'on prend le point de vue de l'enfant, est-il en effet normal qu'une distribution à rebours conduise l'État à financer d'une certaine façon les loisirs des enfants d'une famille riche ? De ce point de vue, un crédit d'impôt constant par enfant, tel qu'il existe dans de nombreux pays, est la meilleure façon de traduire l'équité horizontale.

C'est cette réflexion qui a conduit le gouvernement Ayrault à poursuivre le plafonnement du quotient familial. Si Manuel Valls avait continué dans cette voie au lieu de lui substituer la mise sous condition de ressources des allocations familiales en 2015, on aurait pu, sans transferts importants, transformer le quotient familial en crédit d'impôt forfaitaire par enfant.

On serait ainsi allé au bout de la cohérence entre l'universalité des allocations familiales et l'impôt, en respectant le principe fondateur de la Sécurité sociale : « contribuer en fonction de ses ressources et recevoir en fonction de ses besoins », en traitant tous les enfants de la même façon.

Ouvrir l'option d'individualisation de l'IR

L'individualisation de l'impôt correspond mieux aujourd'hui aux trajectoires de vie et à des familles majoritairement biactives. Une première étape vers l'individualisation de l'impôt consisterait, comme le font de nombreux pays, à ouvrir la possibilité d'une imposition individuelle à côté de l'imposition conjointe.

1. Christiane Marty, « Le quotient familial, un coûteux privilège de classes », Fondation Copernic (disponible en ligne).

C'est la question que nous avons soulevée en octobre 2015 avec Catherine Coutelle, présidente de la Délégation aux droits des femmes, à l'occasion du débat sur le projet de loi de finances pour 2016. L'amendement[1] ouvrait aux couples la possibilité de choisir entre l'imposition individuelle et l'imposition conjointe. Il remplaçait par ailleurs, sur l'avis d'imposition, la mention « Monsieur, Madame » par le nom des deux conjoints.

Soulignant les changements intervenus depuis 1945 dans l'activité féminine et la structure des familles, Catherine Coutelle insista sur l'importance en termes d'égalité homme-femme de cet amendement et sur l'impact défavorable du quotient conjugal sur le travail féminin. J'ajoutai que les pays comme l'Allemagne ou les États-Unis, qui avaient conservé une imposition commune, avaient ouvert aux couples la possibilité d'opter pour l'individualisation et je rappelai que le prélèvement à la source qu'évoquait cette loi de finances conduirait forcément à s'interroger à terme sur ce sujet.

En donnant un avis favorable à l'amendement sans pour autant ignorer le coût de la mesure, qu'elle évaluait à 600 millions, la rapporteure générale du budget, Valérie Rabault, souligna qu'il était important que la fiscalité reflète les évolutions de la société, tout en souhaitant qu'une étude approfondie soit faite avant d'ouvrir cette possibilité.

L'essentiel du débat ne porta que sur le coût de la mesure, que le secrétaire d'État au Budget Christian Eckert évaluait à 1 milliard, et sur l'optimisation fiscale qu'elle entraînerait. La droite y vit « la remise en cause d'une politique familiale qui a fait l'objet d'un consensus pendant plus de cinquante ans dans toutes les familles politiques », et le secrétaire d'État au Budget y ajouta le

1. Voir le débat sur l'amendement 245 rectifié, Assemblée nationale, séance du 14 octobre 2015.

couplet classique sur la fragilité constitutionnelle de la mesure. Un couplet d'autant plus étonnant que l'Allemagne a ouvert à tous les couples la possibilité d'opter pour une imposition séparée parce que le caractère obligatoire de l'imposition commune des époux était déclarée contraire à la loi fondamentale par la Cour constitutionnelle allemande. On imagine mal que le Conseil constitutionnel du pays des droits de l'homme et du citoyen puisse prendre la position inverse !

L'amendement fut retiré sur la promesse que l'année 2016 serait mise à profit pour travailler sur le sujet. Promesse qui, comme presque toutes les autres, fut aussitôt oubliée.

Le sujet revint cependant lors de la campagne présidentielle. Emmanuel Macron promit d'ouvrir aux couples le choix entre imposition commune et quotient familial. Et, à la différence de son prédécesseur, il inscrivit sinon la mesure, du moins la somme correspondante (1,3 milliard) dans la programmation pluri-annuelle des finances publiques pour 2018-2022.

Chapitre 9

IR-CSG : la dualité de l'imposition des revenus

À l'exception d'une brève période qui vit la réunification des différents impôts en 1959, l'impôt progressif sur le revenu s'est presque toujours superposé dans notre pays à une imposition cédulaire taxant de façon proportionnelle les différentes catégories de revenus. Il faudra attendre la réforme de 1959 pour que l'impôt progressif devienne le seul impôt sur le revenu, comme dans la plupart des autres pays.

Jusqu'à la Seconde Guerre mondiale, l'impôt sur le revenu occupait une place très modeste en France dans l'ensemble des prélèvements obligatoires où dominaient les taxes indirectes, ainsi que dans le PIB. Comme aux États-Unis, il représentait 2 % du PIB en moyenne, alors qu'il atteignait déjà plus de 6 % au Royaume-Uni. L'impôt sur le revenu augmentera très fortement aux États-Unis et au Royaume-Uni pendant la Seconde Guerre mondiale et restera ensuite à un niveau élevé (8 % aux États-Unis, entre 10 et 12 % au Royaume-Uni), alors qu'il restera très modeste en France jusqu'au milieu des années 1950.

Du milieu des années 1950 au milieu des années 1980, l'impôt sur le revenu va augmenter de façon régulière en France tout en restant deux fois plus faible que l'impôt américain ou britannique. Cette hausse résulte pour l'essentiel de la stabilité en valeur nominale des seuils d'imposition (le gel du barème pour reprendre une terminologie contemporaine). L'inflation conduit en effet à passer progressivement dans les tranches d'imposition supérieures, et il en résultera une forte augmentation du nombre de contribuables, qui passera de moins de 20 % dans les années 1950 à 60 % à la fin des années 1970, augmentant ainsi le poids de l'impôt.

Comme dans la plupart des pays, l'abaissement des taux des tranches supérieures de l'impôt conduira à partir du milieu des années 1980 à une réduction du poids de l'impôt sur le revenu. Mais ce phénomène sera compensé presque partout par la prise en compte croissante du financement de la protection sociale par l'impôt sur le revenu. Presque partout, car dans notre pays c'est un nouvel impôt, la CSG, qui prendra la relève et deviendra progressivement supérieur à ce que l'on continue d'appeler l'impôt sur le revenu, rétablissant ainsi la dualité que la réforme de 1959 avait supprimée. C'est cette seconde singularité française que nous analysons dans ce chapitre.

1959 : la réunification de l'impôt sur le revenu

La France n'a connu un impôt unique sur le revenu que pendant les trente années qui séparent la réunification de 1959 et la création de la CSG en 1990. En rassemblant les impôts cédulaires de la réforme Caillaux dans une taxe proportionnelle à laquelle s'ajoutait l'impôt progressif appelé *surtaxe progressive*, la réforme de 1948 n'avait pas résolu le problème de la dualité du système d'imposition. La loi du 28 décembre 1959, pilotée par le secrétaire d'État aux Finances Valéry Giscard d'Estaing, va lancer la réunification de l'impôt. La surtaxe progressive avait crû beaucoup plus rapidement que la taxe proportionnelle, en laquelle le ministre des Finances Antoine Pinay voyait la « survivance des anciens impôts cédulaires[1] ».

Tout en reconnaissant la simplicité d'un impôt fusionné, le comité Brassart, chargé de préparer le projet de refonte, n'est pas favorable à l'unification. Son rapport reprend d'ailleurs des arguments assez voisins de ceux de Caillaux lors de la création de l'impôt sur le revenu :

> « L'utilité du principe même d'un impôt unique n'a pas paru évidente au groupe d'études, qui pense au contraire que l'imposition des revenus d'abord selon les différentes sources, puis globalement par un impôt de superposition, permet davantage de nuancement dans la fiscalité directe[2]. »

En fait, l'unification consista à faire disparaître progressivement la taxe proportionnelle, remplacée par une taxe complémentaire transitoire qui n'est définitivement supprimée que dix ans plus tard, par la loi de finances pour 1970. Cette suppression progressive ne bénéficie qu'aux non-salariés, puisque les salaires sont exonérés de la taxe proportionnelle. Pour ne pas totalement mettre fin à l'avantage donné aux salaires, le barème est relevé de 5 % pour les revenus non salariaux. Cette spécificité disparaît également progressivement entre 1970 et 1976.

Outre la réunification de l'impôt, cette réforme marque une rupture dans l'imposition relative des revenus salariaux et non salariaux. Depuis la création de l'impôt sur le revenu, les salariés

1. Assemblée nationale, séance du 20 octobre 1959, compte rendu intégral, p. 1856.

2. « Rapport général du Groupe d'études fiscales », 1959, p. 40, cité dans Conseil des prélèvements obligatoires, « Impôt sur le revenu, CSG : quelles réformes ? », février 2015, p. 22 (en ligne sur le site de la Cour des comptes).

bénéficiaient en effet d'un régime plus favorable. À partir de 1959, les gouvernements de droite suppriment cet avantage, puis inversent les avantages relatifs. Avec la création du prélèvement libératoire pour les intérêts en 1965, la multiplication des mesures de défiscalisation de l'épargne, puis l'extension du prélèvement libératoire aux dividendes en 2008, ce sont les revenus du capital qui deviennent beaucoup moins imposés que ceux du travail, notamment pour les revenus élevés. En imposant les revenus du capital de la même manière que les revenus du travail, la réforme de 2013 marqua ainsi un tournant radical par rapport à l'évolution des quarante dernières années. Un tournant qui fut cependant de courte durée puisque le président Macron avantagera à nouveau les revenus du capital.

La naissance de la CSG sous Michel Rocard en 1990

La création de la CSG, présentée en Conseil des ministres en octobre 1990, fut l'aboutissement des réflexions sur l'élargissement du financement de la protection sociale menées tout au long des années 1980, notamment par le Commissariat général au Plan. Les taux patronaux et salariaux de cotisations sociales étaient en effet passés de 28 points en 1945 à 60 points en 1985 et il devenait urgent de leur substituer d'autres formes de financement. Un prélèvement exceptionnel de 1 % du revenu imposable avait été instauré par Jacques Delors en 1983 au profit de la Caisse nationale d'allocations familiales, dans le cadre du plan de redressement accompagnant la dévaluation. Après sa suppression en 1985, un prélèvement comparable fut instauré par Philippe Séguin l'année suivante au taux de 0,4 % pour financer la Caisse nationale de l'assurance vieillesse. Il fut ensuite reconduit jusqu'à ce que la CSG prenne le relais.

Plus fondamentalement, au fur et à mesure de son développement, la protection sociale avait dépassé la stricte logique professionnelle qui avait prévalu en 1945 pour évoluer vers celle d'une solidarité générale. Le financement par des cotisations assises sur les revenus d'activité était cohérent avec des prestations réservées aux travailleurs et à leur famille. Or, avec des prestations devenant de plus en plus universelles, le lien entre le droit à prestations et l'activité et le lien contributif entre le montant des cotisations versées et les prestations reçues, caractéristiques du système professionnel, s'estompaient. Si les retraites, les indemnités de chômage et les indemnités journalières de maladie restaient liées à l'activité, ce n'était pas le cas des allocations familiales et de l'assurance maladie. Il fallait donc faire évoluer le financement de la protection sociale vers un régime plus universel. Ce fut le fondement de la CSG.

En 1987, le rapport du Comité des sages des États généraux de la Sécurité sociale proposait « un nouveau prélèvement de nature fiscale, si possible prélevé à la source [...], non déductible, dont le taux serait fixé par le Parlement pour financer tous les régimes de base ». Le rapport soulignait « l'avantage, par rapport aux prélèvements sociaux actuels, qui sont globalement dégressifs, d'un prélèvement proportionnel et généralisé ». Il n'excluait pas pour autant « que lui soit substitué à terme l'impôt sur le revenu. »

Après d'âpres discussions entre, d'un côté, Matignon et le ministère des Affaires sociales et, de l'autre, le ministère des Finances qui y était opposé, le projet verra le jour au Conseil des ministres d'octobre 1990.

Lors du débat du 15 novembre 1990 sur le projet de loi de finances pour 1991, consacré au financement de la protection sociale, le Premier ministre Michel Rocard soulignera en introduction l'injustice des cotisations sociales qui touchent « davantage les bas et moyens revenus, en raison de leur plafonnement et de leur déductibilité fiscale ». Il déclinera ensuite les six caractéristiques de la nouvelle contribution :

> « Premièrement, la CSG est un impôt [...] car elle pèse sur l'ensemble des revenus sans contrepartie directe sous forme de prestation ; deuxièmement, elle est non déductible [...] ; troisièmement, elle pèsera sur tous les revenus [y compris] les revenus du patrimoine et de remplacement ; quatrièmement, elle sera affectée exclusivement aux régimes sociaux [...] ; cinquièmement, elle sera mise en œuvre à prélèvement constant [...] ; sixièmement, son taux sera voté par le Parlement[1]. »

Soulignant qu'après l'instauration de l'impôt sur le revenu en 1914, de la TVA en 1953 et de l'ISF en 1981, « la création de la CSG marque une étape fondamentale dans la réforme de notre système de prélèvement fiscal et social », Michel Rocard déclarera, sous les protestations des groupes communistes, RPR, UDF et Union du Centre :

> « Je vois converger, osant à peine se regarder tant ils sont gênés de se trouver côte à côte, tous les conservatismes politiques ou syndicaux de droite, ou en principe de gauche. »

Tous les groupes politiques en effet, à l'exception du groupe socialiste et des centristes membres de la majorité, s'exprimeront contre le projet et voteront la motion de censure. Pour l'UDF, François d'Aubert critiquera la création d'un nouvel impôt « qui ne peut que croître au cours des années à venir », compte tenu du déficit récurrent de la Sécurité sociale. Jean-Pierre Chamard pour

1. *Journal officiel* du 15 novembre 1990, 1re séance, p. 5370 et suivantes.

le RPR évoquera « une pompe à finances à très fort débit, l'impôt le plus productif que l'on ait créé, [puisque] un point de CSG rapporte 34 milliards de francs ». Au nom du groupe centriste, Jacques Barrot reprochera au gouvernement de ne pas se donner le temps « d'une remise en ordre de l'impôt sur le revenu ». Soulignant enfin que le projet fait « quasiment l'unanimité contre lui » depuis les syndicats, les associations familiales, l'opinion publique et jusqu'aux groupes politiques de l'Assemblée autres que le groupe socialiste, Jean-Claude Gayssot conclura que le groupe communiste, n'ayant pas la possibilité de déposer sa propre motion de censure, votera celle déposée par la droite.

Dans son intervention, le député socialiste Jean-Claude Boulard reviendra sur les origines de la CSG. Il rappellera tout d'abord aux députés communistes qu'ils votèrent la contribution sociale de 1 % sur l'ensemble des revenus imposables proposée en 1983 par un gouvernement auquel ils appartenaient. Puis, s'adressant à la droite, il citera l'article d'Alain Juppé alors ministre du budget en mai 1987 [1] et la conclusion en novembre 1987 des États généraux de la Sécurité sociale qui proposaient d'instaurer un nouveau prélèvement dont les caractéristiques étaient précisément celles de la CSG.

Sur un sujet qui faisait consensus à droite quand elle était au pouvoir, et à gauche quand l'ensemble de la gauche était au gouvernement, la motion de censure, signée notamment par Chirac, Balladur, Juppé, fut rejetée de justesse, notamment grâce aux

1. En conclusion d'un article sur la fiscalité et le financement de la Sécurité sociale paru dans *Le Monde* du 21 mai 1987, Alain Juppé écrivait : « Il faut rechercher une ressource proportionnelle d'assiette très large, de façon que son taux soit le plus faible possible. D'où l'idée d'un prélèvement étendu à l'ensemble des revenus, de faible taux, voté par le Parlement et prélevé autant que possible à la source. »

députés de l'outre-mer qui ne la votèrent pas. Il manquait en effet seulement cinq voix pour renverser le gouvernement.

La nature de la CSG

Cet « étrange impôt », comme il a été parfois qualifié, empruntait ses règles tantôt aux cotisations sociales, tantôt à l'impôt.

Saisi par l'opposition parlementaire, le Conseil constitutionnel confirma dans sa décision du 28 décembre 1990 que la CSG était « une imposition de toute nature », car, à la différence des cotisations qui ouvrent des droits à prestations, la CSG n'ouvre aucunement l'accès à des prestations sociales. Comme tout impôt, elle constitue « une prestation pécuniaire requise des particuliers par voie d'autorité, à titre définitif et sans contrepartie, en vue de la couverture des charges publiques », selon la définition du doyen Jèze.

L'ambiguïté vient de son affectation à la Sécurité sociale. La Cour de justice de l'Union européenne a estimé en 2000 que la CSG devait être assimilée à une cotisation sociale selon le droit européen, de sorte que des personnes domiciliées fiscalement en France, mais travaillant dans un autre pays de l'Union européenne et soumis à la Sécurité sociale de cet autre pays, devaient en être exonérés (le problème concerne principalement la CSG sur les revenus fonciers et les plus-values immobilières). La Cour de cassation dans son arrêt du 31 mai 2012 a confirmé la double nature de la CSG, impôt en France et cotisation sociale en droit européen.

On peut se demander pourquoi le législateur a choisi la CSG plutôt que l'impôt sur le revenu pour financer une partie de la protection sociale. La plupart des pays qui sont passés progressivement d'un financement par des cotisations à un financement par l'impôt, notamment l'Allemagne et les Pays-Bas, ont utilisé l'impôt sur le revenu. C'est ainsi que les Pays-Bas à la même époque ont partagé le taux de la première tranche de l'impôt sur le revenu en une partie affectée au budget de l'État et l'autre, la plus importante, affectée aux assurances sociales générales. En Allemagne, comme dans la plupart des autres pays, ce sont des dotations de l'État qui financent directement les prestations sociales universelles.

Les deux principales raisons étaient la base étriquée de l'impôt sur le revenu, déjà mité par de nombreuses niches fiscales et ne concernant qu'une partie des ménages, et le fait qu'il n'était pas prélevé à la source alors que les cotisations que remplaçait la CSG l'étaient. Il était plus facile, dans les pays où l'impôt était large et prélevé à la source, de remplacer des cotisations par un impôt prélevé directement sur le revenu. Comme l'exprimait le premier rapport du Conseil des impôts consacré à la CSG : « Si l'impôt sur le revenu était prélevé à la source, la raison d'être de la CSG disparaîtrait et il n'y aurait plus de raison de conserver deux formes d'imposition sur le revenu. »

L'impôt sur le revenu était en effet peu productif : 1 point d'IR rapportait 13,5 milliards de francs alors qu'un point de cotisations sociales en rapportait 40. Par ailleurs, 10 % des foyers fiscaux acquittaient plus de la moitié de l'IR et 1 % en acquittaient un quart. Il n'était pas possible de remplacer des cotisations par un impôt sur le revenu aussi étroit.

C'est la logique cédulaire qui prévalut lors de la création de la CSG. En fait, il n'y a pas eu une CSG, mais trois, et son recouvrement a été confié aux organismes déjà chargés de collecter des prélèvements sur des assiettes proches de celles de la CSG. La CSG sur les revenus d'activité et de remplacement était prélevée à la source par les Urssaf qui collectaient déjà les cotisations sociales ; la CSG sur les revenus du patrimoine était collectée par l'administration fiscale selon les mêmes règles que l'impôt sur les revenus du patrimoine, et la CSG sur les produits de placement était retenue à la source selon les mêmes modalités que le prélèvement libératoire de l'impôt sur le revenu.

Pour éviter le risque constitutionnel d'inégalité devant l'impôt résultant de différents modes de recouvrement d'un même impôt, le gouvernement Rocard a créé trois CSG différentes selon le mode de recouvrement et le Conseil constitutionnel a considéré que ces trois contributions « constituaient des impositions distinctes », l'égalité devant l'impôt devant s'apprécier au sein de chaque contribution.

La CSG initiale était non déductible et son taux (1,1 %) était identique pour les trois catégories de revenus (activité, remplacement, revenus du capital). Elle a été créée à prélèvement constant pour les entreprises et pour les ménages. Pour cela, le gouvernement Rocard a procédé à un jeu de vases communicants. Elle remplaçait une cotisation patronale familiale de 1,6 point. Pour être neutre sur les entreprises, cette baisse de cotisation patronale s'était accompagnée de la création d'une cotisation patronale d'assurance vieillesse déplafonnée de même niveau. Et afin d'être neutre pour les revenus d'activité, la cotisation salariale vieillesse a été abaissée de 1,1 point et le prélèvement exceptionnel de 0,4 % sur l'impôt sur le revenu institué en 1987 par Jacques Chirac a été supprimé[1].

La montée en charge de la CSG

Les élargissements successifs de la CSG l'ont fait passer de 3,7 milliards lors de sa création en 1991 à 91 milliards d'euros

1. Il s'y est ajouté une remise forfaitaire sur les cotisations salariales de 42 francs par mois et par salarié.

en 2013 puis 124 milliards de recettes en 2018. Mais surtout, elle s'est complexifiée avec une différenciation des taux selon les catégories de revenu et l'introduction d'une CSG déductible.

Les deux premières augmentations ne se substituaient pas à des cotisations existantes, mais avaient pour but de réduire les déficits sociaux. Comme la CSG d'origine, elles étaient non déductibles de l'impôt sur le revenu. C'était le cas de l'augmentation de la CSG par le gouvernement Balladur en 1993 (1,3 % pour financer le Fonds de solidarité vieillesse) et de la création de la CRDS (0,5 %) par le gouvernement Juppé en 1995 pour rembourser la dette sociale.

En revanche, les trois augmentations suivantes ne visaient pas la réduction des déficits mais le changement d'assiette du financement de la protection sociale. Comme elles se substituaient à des cotisations salariales elles-mêmes déductibles de l'impôt sur le revenu, les hausses de CSG correspondantes ont été rendues déductibles de l'impôt. Ce fut le cas des réformes Juppé de 1997 et Jospin de 1998 qui remplaçaient des cotisations maladie, et de la réforme Macron de 2018 en remplacement de cotisations chômage.

Les réformes de 1997 et 1998 ont transformé complètement le financement de l'assurance maladie. À l'exception des 0,75 point de cotisations salariales qui représentaient la couverture des indemnités journalières d'assurance maladie, le financement de l'assurance maladie est devenu entièrement universel. Le taux de la CSG résultant de ces réformes restera inchangé pendant vingt ans (7,5 % de CSG pour les revenus d'activité auxquels s'ajoutait 0,5 % de CRDS).

La réforme de 2018 parachèvera cette évolution en transférant sur la CSG les cotisations d'assurance chômage et les 0,75 point de cotisations maladie qui subsistaient (indemnités journalières). L'ensemble CSG/CRDS sur les revenus d'activité passera ainsi de 8 à 9,7 % (dont 6,8 % déductibles et 2,9 % non déductibles).

Les augmentations successives avaient également des objectifs différents à court terme. La création de la CSG Rocard était neutre à la fois pour les finances publiques et globalement pour les salariés et les entreprises. La hausse Balladur de 1993 et la création de la CRDS par Juppé en 1995 réduisaient les déficits et pesaient sur tous les revenus. La réforme Juppé de 1997 était neutre pour les revenus d'activité mais pesait sur les retraités. La réforme Jospin de 1998 augmentait les revenus d'activité et était neutre pour les retraités. La réforme Macron aura un impact légèrement positif sur les revenus d'activité, mais au prix d'une baisse de revenu des retraités. Bref, quand on compare les différentes modalités des réformes successives, on retrouve en filigrane la distinction gauche/droite.

Retour sur la déductibilité de la CSG

Contrairement à une cotisation sociale, « un impôt n'est pas déductible sauf disposition législative contraire ». Le choix initial d'une CSG non déductible de l'impôt sur le revenu était donc parfaitement pertinent, puisque lorsque plusieurs impôts portent sur la même assiette, chaque impôt doit être calculé comme une fraction de cette assiette globale de façon à ne pas interférer l'un avec l'autre.

Si les deux impôts (IR et CSG) avaient eu le même mode de prélèvement, c'est-à-dire si l'impôt sur le revenu avait été prélevé à la source lorsque la CSG a été créée, la question de la déductibilité ne se serait sans doute jamais posée. Il n'y aurait aucune raison de déduire l'un des deux impôts de l'autre. Mais comme l'impôt sur le revenu est payé avec un décalage d'un an, alors que la CSG est prélevée instantanément, il est tentant de considérer que le revenu imposable à l'impôt progressif n'est plus l'ensemble du revenu de l'année N, mais le revenu de l'année N diminué de la CSG qui a été déjà payée pour ne pas « payer un impôt sur un revenu que l'on n'a pas perçu ». Mais cette idée de payer un impôt sur la CSG déjà prélevée est une pure fiction : si les deux impôts étaient prélevés en même temps, on trouverait normal d'exprimer les taux de chacun des impôts en fonction du revenu de l'année N avant impôt.

La CSG déductible de l'impôt sur le revenu revient à faire payer une CSG proportionnelle plus élevée pour les ménages non imposables, alors que ceux qui sont imposables paient en fait une CSG plus faible en proportion de leur revenu, puisqu'une fraction de celle-ci est déduite de l'impôt sur le revenu. Un gouvernement soucieux de cohérence pourrait profiter du prélèvement à la source pour supprimer cet héritage du passé. La CSG a en grande partie remplacé des cotisations qui étaient elles-mêmes déductibles de l'impôt sur le revenu et la solution de facilité a été, pour ne pas augmenter l'impôt sur le revenu en contrepartie, de rendre la CSG déductible. La cohérence voudrait qu'on revienne à des prélèvements tous exprimés en fraction du revenu avant impôts, ce qui revient à rendre l'ensemble de la CSG non déductible. Cet élargissement de l'assiette de l'IR pourrait être compensé par une baisse de tous les taux de l'IR si le gouvernement souhaitait faire la réforme sans modifier l'impôt sur le revenu.

L'évolution du financement de la protection sociale en Europe

Les vingt dernières années se caractérisent par une importante progression du financement public de la protection sociale en

Europe, estompant progressivement la distinction traditionnelle entre le modèle bismarckien à base professionnelle et le modèle beveridgien où le financement public joue un rôle essentiel, même si les systèmes nationaux restent encore fortement marqués par l'histoire.

En y intégrant l'étendue et la générosité de la protection sociale, on peut distinguer à la suite de Gøsta Esping-Andersen « trois mondes de l'État-providence[1] » : le modèle bismarckien caractéristique de l'Europe continentale et méridionale, le modèle « social-démocrate » de l'Europe du Nord et le « modèle libéral » en Irlande et Grande-Bretagne. Les deux premiers s'opposent au troisième en raison de l'étendue et de la générosité de la protection sociale, alors que les modèles libéraux ont des prestations ciblées vers les ménages à faibles revenus, complétées par des systèmes d'assurance privés.

En ce qui concerne le financement, en revanche, les modèles « libéraux » et « sociaux-démocrates » relèvent d'une logique « beveridgienne » privilégiant le financement public. On peut d'ailleurs distinguer au sein du modèle bismarckien un quatrième modèle, le modèle méditerranéen, caractérisé par l'importance des prestations vieillesse et la survivance des solidarités familiales[2].

La majorité des pays européens a connu une progression de la part du financement public dans les ressources totales de protection sociale. Cette évolution a été forte dans les pays de tradition bismarckienne (France, Belgique, Espagne, Italie) où la part des cotisations sociales était prépondérante. Le transfert des cotisa-

1. Gøsta Esping-Andersen, *Les Trois Mondes de l'État-providence. Essai sur le capitalisme moderne*, Paris, Presses universitaires de France, 1999.

2. Pierre-Alain Muet et Henri Sterdyniak, « Faut-il une Europe sociale ? », *Revue d'économie politique*, 2005/6, vol. 115, p. 673-675.

tions chômage sur la CSG au 1er janvier 2018 rapproche la France de la moyenne européenne. Toutefois, dans la plupart des pays européens, le financement public résulte de dotations de l'État ou des collectivités locales et non, comme en France, de taxes affectées (CSG principalement).

Le partage entre cotisations et contribution publique est très différent selon les secteurs. Les cotisations sociales restent majoritaires pour le financement des retraites (en moyenne 65 % dans l'UE) et de l'assurance chômage (67 %), même si dans ce dernier cas le financement public est majoritaire dans certains pays (Allemagne, Danemark, Irlande) et l'est devenu en 2018 en France. Pour l'aide à la famille, le financement public est prépondérant (77 % en moyenne). Enfin, une forte hétérogénéité prévaut en Europe en matière de financement de la santé.

Une imposition des revenus atypique dans le paysage européen

L'augmentation régulière de la CSG a conduit à un second impôt sur le revenu, rétablissant la dualité qui a longtemps caractérisé l'impôt sur le revenu en France.

Le poids de l'impôt sur le revenu dans le PIB a continuellement baissé, passant de 4 % au début des années 1990 à 2,5 % à la fin du quinquennat Sarkozy, puis remontant légèrement durant le quinquennat Hollande pour s'établir à 3,1 % en 2018. Dans le même temps, la CSG a fortement progressé, devenant, dès 1998, le premier impôt sur le revenu, comme l'illustre le graphique suivant. En 2018, l'ensemble CSG + CRDS atteint 131 milliards d'euros, soit presque le double de l'impôt sur le revenu proprement dit (72 milliards).

ÉVOLUTION DU POIDS DE L'IR ET DE LA CSG DANS LE PIB (EN %)

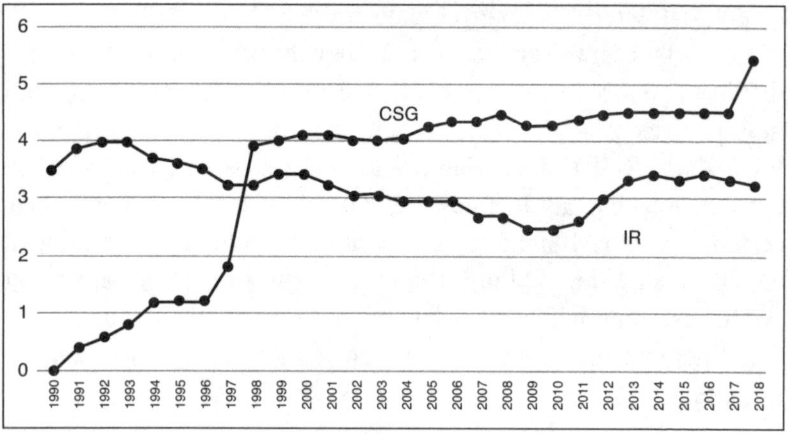

Le poids de l'impôt progressif sur le revenu (en pourcentage du PIB) reste extrêmement faible en France comparativement aux autres pays développés, même si l'ensemble IR/CSG en est proche.

Dans les années 1960, le poids de l'impôt sur le revenu (3,7 %) était déjà deux fois plus faible en France qu'en Allemagne (8,2 %), au Royaume-Uni (10,1) et aux États-Unis (7,8 %). Cette situation prévalait d'ailleurs depuis la Seconde Guerre mondiale. L'impôt était beaucoup plus élevé en Europe du Nord : autour de 12 % en Norvège et au Danemark, près de 17 % en Suède. À l'opposé, en Europe du Sud, le poids de l'impôt sur le revenu était très faible (1,4 % en Grèce, 2,1 % en Espagne et 2,8 % en Italie).

POIDS DE L'IMPÔT SUR LE REVENU DANS LE PIB (%)

	1965	1980	1990	2000	2015/2018
France (total)	3,7	4,7	4,4	7,8	8,7
IR	*3,7*	*4,7*	*4,4*	*3,7*	*3,1*
CSG/CRDS	*0*	*0*	*0*	*4,1*	*5,6*
Allemagne	8,2	11,1	9,6	9,2	9,8
Belgique	6,4	15,4	13,2	13,7	12,7
Pays-Bas	9,1	11,5	9,9	5,6	7,7
Suisse	6,1	10,4	7,7	8,2	8,6
Danemark	12,4	22,9	24,0	24,7	25,3
Suède	17,1	19,5	19,1	16,3	12,6
Norvège	11,7	12,1	10,5	10,1	10,7
Espagne	2,1	4,7	6,9	6,4	7,2
Italie	2,8	7,0	9,6	10,1	11,3
Grèce	1,4	3,6	3,6	4,8	5,5
Pologne	-	-	-	4,3	4,7
Rép. tchèque	-	-	-	4,2	3,6
Hongrie	-	-	-	7,2	5,3
Royaume-Uni	10,1	10,3	9,7	9,6	9,0
États-Unis	7,8	10,5	9,8	11,9	10,6
Canada	5,8	10,5	14,4	12,8	11,8

Source : OCDE, *Statistiques des recettes publiques*, publication 2001 (1965, 1980), publication 2017 (1990, 2000, 2015). Pour la France, les chiffres 2018 sont issus du PLF, Allemagne de l'Ouest de 1965 à 1990.

Dans les décennies 1970 et 1980, le poids de l'impôt sur le revenu restera en France inférieur à 5 % du PIB alors qu'il dépassera 10 % du PIB dans tous les pays autres que ceux de l'Europe du Sud et atteindra même 20 % du PIB au Danemark et en Suède. En Europe du Sud, l'impôt connaîtra une forte progression, l'Espagne rejoignant la France (4,7 %) et l'Italie la dépassant (6 %).

Au cours des trente dernières années, le déclin de l'impôt sur le revenu s'est accompagné d'une progression continue de la CSG. Si le poids de l'ensemble IR/CSG se rapproche de la moyenne des pays européens, l'IR seul (3,1 % du PIB) en fait le plus faible impôt sur le revenu d'Europe.

Alors que dans notre pays l'impôt progressif sur le revenu est depuis un siècle le symbole du niveau élevé des prélèvements obligatoires, parce qu'il est le seul à faire l'objet d'une déclaration annuelle, peu de nos concitoyens ont conscience que le poids de notre impôt sur le revenu est inférieur à ce qu'il est dans tous les autres pays. Quand, avec le prélèvement à la source, il figurera sur la feuille de paie à côté de la CSG, ils réaliseront également que, pour la très grande majorité d'entre eux, le plus gros de nos deux impôts est clairement la CSG.

Chapitre 10

L'évasion fiscale

Dès la première vague de mondialisation qui se développe à la fin du XIXe siècle et au début du XXe, la question de l'évasion et de la fraude fiscale fait débat en France. « Les puissants capitalistes, habitués à des placements extérieurs, ont beaucoup plus de facilités pour dissimuler une part considérable de leur actif que les gens de qualité moyenne ou très modeste », déplore Jean Jaurès à la tribune de l'Assemblée nationale le 12 juin 1912. Cela fait déjà plusieurs années que le sentiment d'une évasion fiscale forte des plus hauts revenus se répand en France, ce qui nourrit un débat alimenté par les parlementaires, les économistes et les juristes [1].

Lors de la seconde vague de mondialisation qui se développa avec la libéralisation des marchés financiers des années 1980, la question de la lutte contre l'évasion fiscale n'était pas la préoccupation majeure des gouvernements. Si épisodiquement les paradis fiscaux réapparaissaient de temps à autre dans l'agenda international, notamment de façon éphémère en 1998 à la suite de la publication du rapport de l'OCDE sur « la concurrence fiscale dommageable », l'époque était à la baisse des impôts et à

1. Voir Christian Chavagneux, « L'évasion fiscale, un sport très prisé avant 1914 », *Alternatives économiques*, n° 363, décembre 2016.

la multiplication des dispositifs dérogatoires (niches fiscales), pour favoriser la compétitivité fiscale.

Lorsque l'évasion fiscale était évoquée, c'était pour fustiger l'ISF et justifier le bouclier fiscal. « Allez vous poster gare du Nord, conseillait aux parlementaires la nouvelle ministre de l'Économie Christine Lagarde en juillet 2007, vous verrez tous ces banquiers exilés à Londres ou en Belgique, ils n'ont qu'une envie, rentrer en France. Voilà à quoi sert notre bouclier fiscal. »

Les choses vont changer brusquement avec la crise financière de 2008 et la dégradation des comptes publics qui s'ensuivit. La nécessité de redresser les finances publiques conduira à une remise en cause des niches fiscales avec de nombreuses mesures votées et pas moins de cinq rapports gouvernementaux ou parlementaires. Et quand éclatera en février 2008 l'affaire de la banque Liechtenstein Global Trust, dont un ancien employé vendra au fisc allemand un listing contenant le nom de plus d'un millier de contribuables allemands, français, britanniques ayant placé leur fortune dans ce paradis fiscal alpin pour échapper à l'impôt, les gouvernements allemand et français prendront la tête d'une croisade contre les paradis fiscaux.

Au G20 de Londres d'avril 2009, le communiqué final ajoutera aux mesures financières destinées à lutter contre la crise un paragraphe engageant les pays membres à prendre des mesures à l'encontre des juridictions non coopératives, y compris les paradis fiscaux. Si la dernière phrase du paragraphe, « l'ère du secret bancaire est révolue », comme certaines déclarations de chefs d'État à l'issue du sommet sur « la fin des paradis fiscaux » étaient quelque peu prématurées, un mouvement était enclenché qui s'accélérera à partir de 2013, lorsque les ministres des Finances du G20 confieront à l'OCDE le soin d'élaborer un programme de lutte contre l'érosion de la base d'imposition et le transfert des bénéfices (BEPS). Et les scandales qui éclateront périodiquement (Luxembourg Leaks en 2014, HSBC en 2015, Panama Papers en avril 2016…) alimenteront la pression pour que les choses changent.

Fraude et optimisation fiscale : les limites de la légalité

Commençons par définir les termes. L'évasion fiscale est un terme ambigu qui recouvre toutes les formes d'évitement de l'impôt, depuis la fraude qui consiste à contourner illégalement l'impôt, jusqu'à l'optimisation fiscale qui utilise les moyens légaux (régimes dérogatoires, niches fiscales, différence de législation entre États) pour réduire ou échapper à l'impôt.

La fraude fiscale fait référence à une volonté délibérée de contourner la législation, à la différence d'une erreur ou d'un oubli commis de bonne foi qui contournent également la législation fiscale mais ne sont pas soumis à la même sanction. La pénalité pour un retard de déclaration ou de paiement est de 10 % ; elle s'élève à 40 % si la mauvaise foi est établie et à 80 % en cas de manœuvre frauduleuse et peut s'accompagner de sanctions pénales.

L'optimisation fiscale est l'utilisation par le contribuable de moyens légaux lui permettant d'alléger son impôt. Si ce droit à « l'agilité fiscale » est consacré par la jurisprudence administrative, il a une limite qui est l'abus de droit. Plus précisément, alors que la fraude fiscale viole la loi, l'optimisation fiscale susceptible de relever de l'abus de droit viole l'esprit de la loi. C'est le cas, par exemple, de la création d'une société fictive ou de montages fiscaux complexes entre des sociétés mères et des filiales à l'échelle internationale dans le seul but d'échapper à l'impôt.

Quand on analyse les stratégies fiscales de certaines entreprises multinationales qui utilisent toutes les failles des législations nationales et des conventions internationales pour échapper à l'impôt dans la plupart de pays où elles opèrent, l'optimisation n'est plus très éloignée de l'évasion fiscale à grande échelle, écrivions-nous avec Éric Woerth en 2013 dans le rapport d'information parlementaire sur « l'optimisation fiscale agressive des entreprises multinationales »[1]. Car, comme la fraude fiscale plus traditionnelle, cette optimisation fiscale agressive s'est développée de façon considérable avec la mondialisation des échanges dans laquelle les paradis fiscaux et la finance offshore (c'est-à-dire extraterritoriale) jouèrent un rôle déterminant, puisque plus de la moitié des flux financiers y transitent.

Les paradis fiscaux sont nés lors de la première mondialisation du capital, au moment où le développement de lois à caractère économique au sein des États-nations entrait en conflit avec l'apparition d'entreprises multinationales. L'une des façons de résoudre cette contradiction fut l'apparition d'une économie « offshore » conduisant à la naissance des paradis fiscaux, comme l'ont montré Christian Chavagneux et Ronen Palan[2]. Ce développement résulta de trois étapes successives. La première fut l'invention par l'État du Delaware en 1898 de l'enregistrement d'un siège social dans un État à fiscalité faible, sans pour autant que l'ensemble de l'entreprise américaine y soit domicilié, au point qu'aujourd'hui encore la moitié des entreprises cotées en Bourse aux États-Unis y ont leur siège social.

La seconde résulta de la décision des juges londoniens en 1929 d'exempter de l'impôt britannique une entreprise dont la direction

1. Rapport de la mission d'information sur l'optimisation fiscale des entreprises dans un contexte international, n° 1243, 10 juillet 2013, Pierre-Alain Muet, rapporteur, Éric Woerth, président.

2. Christian Chavagneux et Ronen Palan, *Les Paradis fiscaux*, Paris, La Découverte, 4e édition, 2017, chapitre 2.

de complaisance était installée en dehors du Royaume-Uni, instaurant le principe de la résidence fictive. Cette décision fit, à long terme, la fortune des îles de l'Empire britannique : Bermudes, Bahamas, Hong Kong, îles Caïman, qui devinrent ainsi des paradis fiscaux. Enfin, en 1934, la Suisse inventa la protection du secret bancaire par le droit pénal en criminalisant la livraison d'informations sur les clients nationaux ou étrangers des banques.

Ces caractéristiques font partie aujourd'hui encore des critères que retient l'OCDE pour définir un paradis fiscal : des impôts inexistants ou insignifiants, une absence de transparence du régime fiscal, le secret bancaire ou plus généralement l'absence d'échange d'information avec les autres États, et l'accueil de sociétés-écrans ayant une activité fictive, sans impact commercial sur l'activité économique locale.

L'affaire la plus emblématique sur les bas-fonds de la finance offshore, le scandale planétaire des Panama Papers, révélé le 3 avril 2016 simultanément dans 76 pays par les 109 médias internationaux (dont *Le Monde*) membres du Consortium international des journalistes d'investigation, illustre le fonctionnement de la finance offshore où se côtoient des montages quasi légaux, le blanchiment d'argent sale, la corruption et la fraude fiscale. Les 11,5 millions d'archives issues du cabinet panaméen Mossack Fonseca, l'un des acteurs majeurs du monde de l'offshore, ont révélé les noms des milliers d'anonymes, de chefs d'État, de milliardaires et de sportifs qui ont recouru à des montages offshore pour dissimuler leurs actifs. L'exploitation de ces archives a mis également en évidence tous les dispositifs qui permettent de faire disparaître l'argent issu de la corruption, de la drogue ou tout simplement de l'évasion fiscale.

Le premier stade consiste à organiser les compétences nécessaires. C'est le rôle des banques et des grands cabinets d'audit et de conseil qui connaissent tous les détails de la fiscalité des différents pays. Puis intervient la mise en place de la logistique et des circuits passant d'un paradis fiscal à l'autre pour faire disparaître la trace du propriétaire des fonds. L'article du *Monde*[1] détaille, dans plusieurs affaires françaises (le compte caché de Jérôme Cahuzac, le riad du couple Balkany ou l'affaire des rétrocommissions de Karachi), comment s'organisent *via* le cabinet Mossack Fonseca les chaînes qui, passant d'une société-écran à une autre, toutes immatriculées dans plusieurs paradis fiscaux, arrivent à brouiller la piste du propriétaire.

Les conséquences de l'affaire ont été multiples. Sur le plan national, elles ont accéléré la transposition de la quatrième directive européenne anti-blanchiment et la loi dite « Sapin 2 » de décembre 2016 qui a introduit des mesures de transparence, de lutte anticorruption et de protection des lanceurs d'alerte. À l'échelle internationale, l'avancée sans doute la plus importante a été l'échange automatique d'informations entre administrations fiscales, qui est la seule façon de mettre fin au secret bancaire.

Du côté de l'optimisation fiscale agressive, point n'est besoin de recourir à des paradis fiscaux situés à l'autre bout du monde (à l'exception comme nous le verrons d'un voyage annuel au Bermudes pour le conseil d'administration de Google), car les paradis fiscaux sont au cœur de l'Europe et parfois même au sein des administrations fiscales nationales. Comme l'a exprimé en 2016 le président de la Commission européenne Jean-Claude Junker, fin connaisseur du sujet en tant que Premier ministre et ministre des Finances luxembourgeois pendant dix-huit ans : « En Europe, chaque pays est le paradis fiscal de son voisin. » Ce n'est pas un hasard si l'Europe fut la terre d'élec-

1. Maxime Vaudano, Simon Piel et Anne Michel, « Balkany, Cahuzac, Guérini : les "affaires" françaises passent par le Panama », *Le Monde*, 5 avril 2016 (en ligne).

tion de l'évasion fiscale des groupes multinationaux américains.

Comment Google, Apple, Amazon, Starbucks… échappent à l'impôt grâce à des paradis fiscaux au cœur de l'Europe

Les pratiques d'optimisation consistent à loger un maximum de charges déductibles de l'impôt dans un État à forte fiscalité pour réduire, voire annuler l'assiette taxable dans cet État et la reporter dans un État plus clément fiscalement.

Pour cela, l'entreprise multinationale utilise trois dispositifs : les prix de transfert et les redevances de marque, l'endettement de la filiale auprès de la maison mère, et l'organisation de la relation mère-fille. Et elles y ajoutent toutes les spécificités des lois fiscales nationales qui permettent de faire évaporer la base fiscale en passant d'un État à l'autre.

Une redevance de marque suffisamment élevée permet de réduire, voire d'annuler les profits dans l'État à fiscalité élevée pour les transférer dans l'État à fiscalité faible ou nulle.

Très utilisé dans le secteur du numérique, la redevance de marque est également appliquée par Starbucks, ou encore par McDonald's avec ses établissements franchisés. Starbucks, qui n'a payé aucun impôt sur les sociétés en France depuis son installation, torréfie son café à Amsterdam et le redispatche à ses filiales européennes qui paient (ou payaient) une redevance de 6 % à la filiale néerlandaise. Cette redevance absorbait ainsi les marges des différentes filiales et les transférait dans la filiale néerlandaise qui bénéficiait d'un accord avec le fisc lui permettant de payer un impôt très faible.

Le deuxième élément est l'endettement. Les intérêts étant généralement déductibles de l'impôt sur les sociétés, une société mère a donc intérêt à endetter ses filiales pour rapatrier les profits dans l'État à faible fiscalité *via* le paiement d'intérêts de la filiale à la société mère. Cette stratégie peut encore être affinée *via* le recours aux produits financiers hybrides qui permettent une double non-imposition : l'intérêt qui est déductible de l'impôt dans la filiale remonte sous forme de dividende également déductible dans la société mère.

Dernière modalité, les stratégies d'organisation de l'entreprise. Le régime mère-fille en constitue l'illustration la plus courante. Il est également possible de recourir à des sociétés dites « hybrides », dont le statut au regard de la fiscalité varie en fonction des législations nationales. Un groupe peut également transformer des filiales auparavant distributeurs ou fabricants de plein exercice en simples commissionnaires ou façonniers rémunérés par la société mère, pour rapatrier les profits ailleurs. De grandes entreprises industrielles y recourent (Arcelor Mittal, par exemple).

Enfin, quand il n'est pas possible d'aller directement dans un paradis fiscal, parce que les fonds seraient soumis à un prélèvement à la source (c'est le cas en France), il suffit de créer une société fictive dans un État européen qui ne procède pas à un tel prélèvement – un État dit « tunnel » comme les Pays-Bas – pour y arriver.

Le schéma mis en place par la société Google utilise à la fois un État-tunnel, certaines particularités de la législation américaine qui permettent de conserver les profits à l'étranger en attente de rapatriement et une entreprise « hybride ». Il est connu sous le nom de « double irlandais et sandwich hollandais ».

Dans ce schéma, une première filiale établie en Irlande, Google Ireland Ltd, établit les factures des clients des autres pays européens et reçoit leurs paiements. Si on en restait là, les profits de Google seraient imposés en Irlande au taux de l'IS de 12,5 %. Mais l'entreprise qui accumule les recettes paie une redevance pour l'usage du logiciel à une seconde société également établie en Irlande, Google Ireland Holdings, qui en dépit de son nom et de sa situation géographique ne relève pas du droit fiscal irlandais. Réunissant en effet son équipe dirigeante et son conseil d'administration aux Bermudes, elle relève du droit fiscal bermudéen, c'est-à-dire d'un taux d'imposition nul. C'est le « double irlandais ».

Pour faire passer les profits de la première société irlandaise à la seconde sans subir de retenue à la source, une autre société était initialement nécessaire. Celle-ci, Google Netherlands BV, est établie aux Pays-Bas et sa seule fonction est de recevoir la redevance de Google Ireland Ltd pour la reverser en quasi-totalité à Google Ireland Holdings : c'est le « sandwich hollandais » (qui a disparu depuis).

En outre, le profit ainsi accumulé ne remonte pas aux États-Unis en application du dispositif « *check the box* » qui consiste à « cocher une case » dans la déclaration fiscale américaine pour indiquer que les profits en question ne sont pas rapatriés pour l'instant aux États-Unis et ne sont donc pas imposables. Google parvient ainsi à n'acquitter qu'un impôt dérisoire dans chacun de ses pays d'implantation, sans commune mesure avec l'importance de son activité économique.

Ce schéma est utilisé, à quelques nuances près, par d'autres entreprises du numérique et aboutit parfois à des situations aberrantes. Lorsque la société Apple, qui dispose de 250 milliards de dollars en attente de rapatriement, a dû verser des dividendes pour rémunérer ses actionnaires, elle a préféré s'endetter en empruntant quelque 17 milliards de dollars sur le marché pour éviter un retour des sommes correspondantes aux États-Unis, où elles auraient été taxées à 35 %.

Le schéma qui permet à Amazon de ne payer pratiquement aucun impôt dans aucun pays est encore plus simple et plus scandaleux. Il a été en effet validé par l'administration fiscale luxembourgeoise avant d'être mis en place à travers ce que l'on appelle un « *ruling* » (un rescrit) que le scandale de Luxleaks a mis au jour. Une première société, Amazon Europe SARL, facture tous les envois d'Amazon dans les pays européens et reçoit tous les paiements. Son installation au Luxembourg avait un premier avantage : bénéficier de la TVA la plus faible. Cet avantage a disparu depuis 2015, la TVA sur les livres est celle du pays de destination. Cette société, qui réalise un chiffre d'affaires important, verse une redevance fiscalement déductible à une société holding en commandite simple, Amazon Lux SCS, qui est détenue par les deux compagnies américaines qui possèdent Amazon (l'une a plus de 95 % des parts, l'autre 5 %).

Cette société holding est « transparente » au regard du droit du Luxembourg, c'est-à-dire que les redevances perçues et les intérêts reçus des filiales ne sont pas imposables au Luxembourg, mais dans le pays de résidence des associés, les États-Unis. Toutefois, en raison du dispositif « *check the box* », tant qu'ils ne sont pas rapatriés, ils ne sont pas imposables. Amazon a même obtenu du fisc luxembourgeois que ni ses associés ni ses sociétés ne soient considérés comme ayant une présence effective au Luxembourg.

Enfin, les difficultés que rencontre Amazon en Europe se transposent aux États-Unis : si Amazon a payé des impôts fédéraux en 2016 sur son activité aux États-Unis, les autorités locales lui reprochent de ne payer aucun impôt local, alors même qu'elle y dispose d'infrastructures.

Le programme BEPS de lutte contre l'évasion fiscale en quinze points de l'OCDE et le scandale Luxleaks ont entraîné en Europe un changement radical d'attitude à l'égard de l'optimisation fiscale. Alors que, lors des travaux de la mission d'information de l'Assemblée nationale sur l'optimisation fiscale agressive, en début d'année 2013, nous avions sollicité sans grand succès la Commission européenne pour savoir quelle suite serait donnée en Europe aux travaux de l'OCDE, l'Union européenne a depuis changé radicalement. Le sujet de l'optimisation fiscale a été régulièrement évoqué lors des réunions des ministres des Finances, une commission sur les rescrits fiscaux (TAXE) a été créée par le Parlement européen et travaille en relation avec les parlements nationaux. Enfin, grâce aux initiatives de la commissaire européenne à la concurrence Margrethe Vestager, qui depuis le scandale de Luxleaks s'attaque à l'optimisation fiscale agressive sur le terrain des entorses à la concurrence, des sanctions ont été prises. En 2015, Starbucks a été condamnée à payer une amende de 30 millions au fisc des Pays-Bas. En 2017, Amazon a été condamnée à rembourser 250 millions d'euros d'avantages fiscaux indus accordés par le Luxembourg. Parallèlement, l'Irlande a été assignée devant la Cour de justice de l'Union européenne pour non-récupération des avantages fiscaux perçus illégalement par Apple pour un montant de 13 milliards d'euros. Le taux d'imposition d'Apple en Irlande sur ses bénéfices européens était en effet de 1 % en 2003 au lieu de 12,5 % et il était même descendu à 0,005 % en 2014.

L'Union européenne a adopté des mesures sur la transparence fiscale (reporting public des banques en 2013, puis des entreprises de plus de 750 millions de chiffre d'affaires en 2017) et transposé les normes élaborées par l'OCDE dans le droit européen.

Mais il faut aller plus loin. La première condition pour lutter efficacement contre l'optimisation fiscale agressive est d'adopter des règles communes pour l'assiette de l'impôt sur les sociétés.

Cela évitera que des entreprises multinationales utilisent toutes les failles de ces législations pour ne payer aucun impôt dans aucun pays. Ce sera en outre une simplification considérable pour toutes les entreprises qui ne seront plus confrontées à vingt-huit législations nationales différentes. La deuxième condition est d'avoir une assiette consolidée pour imposer les bénéfices dans l'État membre où ils sont réalisés, chaque État restant libre de fixer le taux d'imposition qui lui convient.

Enfin, l'histoire montre que la meilleure façon d'avancer vers une assiette commune est de faire, d'une petite fraction de l'impôt sur les sociétés, une ressource propre de l'Union. Nous l'avons fait pour la TVA à un taux très faible de 0,3 %. Nous devrions faire la même chose pour l'impôt sur les sociétés. Cela contribuerait à la stabilisation automatique dont nous manquons cruellement dans l'Union monétaire et réaliserait l'engagement du traité fondateur de l'Union, qui exprimait dans son article 311 que le budget de l'Union devait être principalement financé par des ressources propres.

Des paradis fiscaux au cœur de l'impôt : les niches fiscales

À l'été 2007, au moment où le Parlement examinait le bouclier fiscal, destiné à protéger les riches contribuables contre le risque de devoir verser plus de la moitié de leurs revenus à l'État, c'est un tout autre débat qui émergeait : comment de nombreux contribuables très fortunés pouvaient en arriver en toute légalité à ne payer aucun impôt sur le revenu, en utilisant tous les dispositifs dérogatoires (les niches fiscales) à leur disposition ?

La question avait été déjà soulevée au moment de la création du bouclier fiscal sous Dominique de Villepin. Elle avait conduit dans le projet de loi de finances pour 2006 à créer, de façon symétrique à celle de l'impôt maximal pour les riches (le bouclier fiscal version Villepin), une imposition minimale pour les mêmes personnes, par un plafonnement compliqué des niches fiscales qui fut rejeté par le Conseil constitutionnel en raison précisément de sa complexité. Le débat revint en 2007 à l'occasion de la loi TEPA. Après des amendements rejetés visant à instaurer soit une imposition minimale, soit un plafonnement des niches fiscales, le gouvernement accepta de remettre au Parlement deux rapports. Le premier, rendu public en octobre 2007, étudiait la possibilité d'une imposition minimale (en fait pour l'écarter). Le second, remis en mai 2008, s'appuyait sur un travail détaillé de l'Inspection des finances et des services de Bercy évaluant la plupart des niches fiscales. Entre-temps, la commission des finances de l'Assemblée avait lancé une mission d'information dont le rapport publié en juin 2008 concluait, à l'unanimité des groupes politiques, à la nécessité d'un plafonnement global des niches.

Le rapport montrait que les niches fiscales étaient massivement utilisées par les plus hauts revenus pour réduire leur imposition. Du fait de la progressivité du barème, le taux d'imposition des revenus aurait dû en effet croître avec le revenu et se rapprocher du taux marginal qui était de 40 % sur les revenus de 2006. En pratique, c'était l'inverse : plus un très gros contribuable avait des revenus élevés, moins il payait d'impôt. Sur les revenus de 2006, les 5 000 contribuables les plus riches payaient en moyenne 36 % d'impôt. Mais ce taux tombait à 32,5 % pour les 100 les plus riches et à 24,2 % pour les 10 les plus riches[1].

1. « Rapport de la mission d'information sur les niches fiscales », n° 946, Gilles Carrez, rapporteur, Didier Migaud, président, p. 42-43 (en ligne sur le site de l'Assemblée nationale).

Pire, parmi les contribuables dont le revenu fiscal de référence était supérieur à 1 million d'euros, 150 ne payaient aucun impôt sur le revenu, et certains possédant un revenu fiscal supérieur à 11,9 millions d'euros obtenaient même une restitution d'impôt !

Le rapport soulignait la progression des niches fiscales qui étaient passées de 418, lors du recensement du Conseil des impôts de 2003, à 486 cinq ans plus tard, dont environ 200 pour le seul impôt sur le revenu. Le phénomène n'était pas nouveau. Certaines niches dataient des années 1930 ! Mais elles se sont surtout multipliées sous la présidence de Valéry Giscard d'Estaing et lorsqu'il était antérieurement ministre des Finances. On en dénombrait déjà 300 lorsque le Conseil des impôts publia en 1980 pour la première fois un rapport sur les « dispositifs dérogatoires ».

Cette augmentation des niches fiscales n'est pas propre à la France, mais c'est notre pays qui en compte le plus grand nombre : environ 200 de plus que le Canada, les États-Unis ou l'Allemagne. Il est vrai que le prélèvement à la source de l'impôt limite, dans les autres pays, la complexification de l'impôt et l'abus des dépenses fiscales. En outre, les États-Unis et le Canada avaient commencé très tôt à se préoccuper du sujet.

Le concept de niche fiscale a en effet été forgé aux États-Unis en 1967 sous le terme de « *tax expenditure* » (dépense fiscale) par Stanley Surrey, alors secrétaire adjoint au Trésor des présidents Kennedy et Johnson, qui s'inquiétait de leur augmentation et de leur opacité. À partir de 1970, les États-Unis ont mis en œuvre un impôt minimal alternatif (AMT, *Alternative Minimum Tax*) qui exclut certaines charges déductibles du revenu imposable et applique un barème simplifié à ce revenu. Lors de sa déclaration d'impôt, le contribuable américain doit calculer son impôt en incluant les déductions fiscales, mais également l'impôt minimal alternatif et payer le plus élevé des deux. À partir de 1986, le Canada a également instauré un impôt minimal de remplacement (IMR) sur un principe voisin, en listant dans la déclaration d'impôt un certain nombre de déductions fiscales qui pouvaient conduire le contribuable à dépasser l'exemption d'impôt autorisée et à remplir le formulaire de la déclaration d'impôt minimal.

À la suite du rapport de la mission d'information sur les niches fiscales de 2008 a été mis en place un plafonnement global des niches fiscales en France. De 25 000 € + 10 % du revenu imposable en 2009, il a été abaissé progressivement tous les ans à 18 000 € + 4 % à la fin de la mandature Sarkozy sur les revenus de 2012, puis porté dans la mandature Hollande à 10 000 ou 18 000 € pour les investissements outre-mer et dans le cinéma.

Malgré ce plafond de 10 000 €, 18 500 foyers possédant un revenu de plus de 100 000 €, soit 2,6 % des contribuables concernés, ne payaient encore aucun impôt sur le revenu en 2015. Et il est toujours possible en 2018 de déduire de son revenu imposable une fraction bien supérieure au plafond de 10 000 €. De nombreuses niches, notamment dans le secteur immobilier, conduisent à des réductions d'impôt qui s'étalent sur plusieurs années. Or le plafonnement qui prévaut pour ces niches est celui qui était en vigueur au moment du fait générateur de la réduction d'impôt, c'est-à-dire l'acquisition du bien. Quant au dispositif dit « Malraux » qui s'applique aux investissements immobiliers dans les zones de protection du patrimoine architectural urbain et paysager, il est toujours non plafonné. L'exemple présenté en encadré, issu d'un article paru dans *Les Échos* montre qu'en combinant ces dispositifs on peut très largement s'affranchir du plafond de 10 000 € en vigueur en 2018.

Comment contourner en toute légalité le plafond de 10 000 €.

(Exemple tiré de l'article de Marie-Christine Sonkin, « La mécanique du plafonnement des niches fiscales », *Les Échos*, février 2018.)

Un couple marié sans enfant a un revenu annuel professionnel constant de 200 000 € auquel s'ajoute un loyer perçu de 6 000 €. Il devrait payer un impôt sur le revenu en 2018 de 55 000 €. En cumulant trois niches fiscales, ce couple peut réduire son impôt de 35 333 € :

– il a acquis un appartement de 300 000 € sous le dispositif Sellier qui rapporte un loyer annuel de 6 000 € et permet de déduire 8 333 € d'impôt par an pendant 9 ans (25 % de l'investissement) ;

– il paie un emploi à domicile 10 000 € dont il peut déduire 50 % de son impôt, soit 5 000 € puisque la dépense déductible pour un couple sans enfant est plafonnée à 12 000 € ;

– il a réalisé en 2017 un investissement « Malraux » de 100 000 € dont il peut déduire 22 000 € (22 %).

La réduction d'impôt est de 35 333 €. À quoi sert alors le plafond de 10 000 € ? Il ne s'applique pas au Malraux qui est hors plafond et, pour le dispositif Sellier, c'est le plafond de 2009 qui s'applique, c'est-à-dire 25 000 € + 10 % du revenu, soit 46 000 €. Les deux niches plafonnées (5 000 + 8 333) étant inférieures à ce plafond, elles peuvent donc être déduites en totalité.

Les dépenses fiscales recouvrent des réalités très différentes. On devrait réserver le nom de niches fiscales aux dispositifs qui n'ont pas un caractère général mais concernent une catégorie de contribuables sans lien direct avec les caractéristiques de l'impôt, notamment sa progressivité. Ainsi, contrairement aux rapports y compris parlementaires qui mettent la prime pour l'emploi ou le crédit d'impôt compétitivité-emploi dans les niches fiscales, ces deux dispositifs ont un caractère général lié à la nature même de l'impôt qu'ils modifient.

Un impôt négatif qui vise à rendre plus progressive l'imposition des revenus modestes (prime pour l'emploi), ou à verser de façon directe un revenu minimal ou un revenu universel comme nous le proposerons dans le chapitre 12, n'est pas une niche fiscale, mais une « modalité particulière de calcul de l'impôt ». Il en est de même du crédit d'impôt compétitivité-emploi qui modifie en réalité le profil des cotisations patronales et peut d'ailleurs avantageusement être remplacé par un reprofilage des cotisations patronales.

Certains dispositifs (les demi-parts de quotient familial) relèvent des deux critères : les demi-parts sont des modalités de calcul de l'impôt quand elles sont cohérentes avec la taille de la famille (une demi-part par personne à charge). Quand elles sont attribuées pour d'autres raisons (demi-part des veuves, ou une part au lieu d'une demi-part par enfant à partir du troisième enfant), ce sont des niches fiscales destinées à donner un avantage particulier à une catégorie de personnes qui n'a parfois plus de justification.

Si le plafonnement des niches fiscales est utile, il ne dispense pas d'un travail d'évaluation et de suppression des niches fiscales inefficaces. Une étude impressionnante a été réalisée en 2011 par le Comité d'évaluation des niches fiscales et des niches sociales, créé en 2010 et présidé par Henri Guillaume. Le comité a examiné 470 niches fiscales et 68 niches sociales, publiant près de 600 rapports détaillés sur chacune d'entre elles. Sur les 356 niches notées de 0 à 3, 130 étaient jugées inefficaces (note 0), 108 peu efficientes (note 1) et 72 pleinement efficientes (note 3). Le Royaume-Uni et l'Allemagne, qui procédaient à la même époque à une évaluation de leurs niches fiscales selon les mêmes méthodes, obtenaient des résultats voisins (comme en France, 25 % des niches à fort enjeu budgétaire étaient inefficaces en Allemagne).

On peut concevoir qu'un gouvernement souhaite favoriser par l'impôt quelques comportements. Il y a d'ailleurs des cas où la dépense fiscale est plus efficace que la subvention. Une aide concernant un public large et reposant sur des critères simples qui ne nécessitent pas une instruction poussée de la part de l'administration peut être plus efficace que la subvention qui mobilise une administration plus importante.

Mais plusieurs centaines de dispositifs dérogatoires sont une aberration économique et relève plus du clientélisme que d'une politique économique cohérente. Et surtout beaucoup de ces niches qui sont principalement utilisées par des détenteurs de hauts revenus pour réduire leur imposition ont des effets anti-redistributifs.

Chapitre 11

Le prélèvement à la source : la fin d'un anachronisme

Le prélèvement à la source aura été l'Arlésienne du débat fiscal des quarante dernières années, à l'instar de l'impôt progressif sur le revenu à la charnière du XIXe et du XXe siècles.

Alors que le prélèvement à la source se généralise dans les principaux pays développés dans la première moitié du XXe siècle, notamment lors de la Première Guerre mondiale (Canada), dans l'entre-deux-guerres (Allemagne, 1925) puis lors de la Seconde Guerre mondiale (Pays-Bas, Australie, États-Unis, Royaume-Uni), notre pays aura accumulé à partir des années 1960 un nombre impressionnant de rapports sur le sujet, sans jamais aboutir.

Le point de départ de toute réforme de notre imposition des revenus est de mettre fin à cet anachronisme qui consiste à payer l'impôt sur les revenus des années précédentes. Du fait de ce décalage, notre impôt est mal adapté aux accidents de la vie professionnelle (chômage ou baisse des revenus), ou aux changements de la vie familiale.

Bien avant l'instauration de la CSG, la France avait mis en place un prélèvement à la source sur le revenu des valeurs mobilières (de 1872 à 1917) et, d'octobre 1939 à septembre 1948, un prélèvement mensuel effectué par l'employeur au taux de 15 % sur les traitements et salaires, avec un abattement forfaitaire en fonction de la situation de la famille. Mais ce système a disparu avec la refonte de l'IR en 1948 puis son unification en 1959. Pourtant, en 1947, un projet novateur proposé par la CGT (encore unitaire pour quelques mois) aurait fourni une assise bien plus moderne à notre imposition des revenus que le projet que firent adopter de Gaulle et Pleven en 1945 et que consolida la réforme de 1948.

Une occasion ratée : le projet novateur de la CGT de 1947

Nous avons évoqué le remarquable projet fiscal de la CGT du 25 avril 1947. Dans beaucoup de domaines – la prise en compte de la famille, l'unification de l'impôt sur le revenu, la création d'un impôt complémentaire sur le capital, le prélèvement à la source –, ce projet était d'une impressionnante modernité, comparativement aux réformes adoptées à l'époque.

Le paragraphe traitant du mode de perception énonçait que « l'impôt est perçu dans tous les cas sur le revenu de l'année même. Il fait l'objet d'une régularisation en fin d'exercice ». Pour les salaires, il proposait de remplacer le prélèvement à taux fixe existant depuis 1938 par un prélèvement « effectué mensuellement suivant le barème progressif ». Les prélèvements ainsi effectués constituaient des acomptes sur la liquidation finale de l'impôt et la régularisation l'année suivante donnait lieu à des versements complémentaires ou à des remboursements de l'État.

Pour les dividendes, le prélèvement à la source résultait du prélèvement effectué au titre de l'impôt sur les sociétés ; quant aux autres revenus, ils faisaient l'objet d'acomptes trimestriels, l'ensemble étant régularisé dans la déclaration de revenus de l'année suivante.

Pourquoi cette réforme n'a-t-elle pas eu de suite ? Le jour même de la parution de ce projet, une grève éclate aux usines Renault qui va rapidement diviser la CGT, alors unitaire et codirigée par Léon Jouhaux, secrétaire général depuis 1909 et figure historique du syndicalisme réformiste, et Benoît Frachon, dirigeant du PCF. Débordé par la base, le Parti communiste soutient la grève, les communistes quittent le gouvernement en mai et les grèves qui se multiplient vont avoir raison du tripartisme (PCF, SFIO, MRP) et de l'unité syndicale. La CGT se scinde l'année suivante en CGT dirigée par Benoît Frachon et en CGT-FO dirigée par Léon Jouhaux. Avec le plan Marshall et la priorité donnée à la lutte contre l'inflation, la grande réforme fiscale prônée par l'ex-CGT n'est plus à l'ordre du jour, à supposer qu'elle ait pu l'être un jour. Sous la pression américaine, la priorité sera en effet donnée au rendement fiscal avec la mise en œuvre de prélèvements exceptionnels (y compris une taxe sur les « oisifs » qui s'avéra inapplicable).

René Mayer, ministre des Finances puis président du Conseil radical, essaya par deux fois de relancer la question du prélèvement à la source au début des années 1950, mais sans succès.

Une succession de projets abandonnés

Le débat reprend dès la fin des années 1960. Une commission d'étude sur le prélèvement à la source présidée par le secrétaire d'État aux Finances, Jacques Chirac, est créée en 1967, mais le projet est abandonné à la suite des événements de 1968. Paradoxe, c'est la CGT de 1968 qui demandera, dans les accords de Grenelle, que le projet de prélèvement à la source soit abandonné !

Le sujet est à nouveau évoqué en 1971 dans un rapport de l'Inspection générale des finances, qui aboutit finalement à la loi instaurant la mensualisation de l'IR. Un projet de retenue à la source est introduit en 1973 par un amendement du gouvernement au projet de loi de finances de 1974 défendu par le ministre des Finances Valéry Giscard d'Estaing. Adopté en première lecture, il sera abandonné en 1974.

La création de la CSG, exemple moderne et réussi de prélèvement à la source sur le revenu des ménages, relance le débat dans les années 1990 et au début des années 2000. Plusieurs rapports préconisent la mise en œuvre d'une retenue à la source : le rapport Lépine sur l'analyse comparative des administrations fiscales en 1999, le rapport de la Mission sur le service public de demain (Bert-Champsaur) en 2000 et le rapport de la Commission sur l'économie de l'immatériel (Lévy-Jouyet) en 2006. Un rapport de l'Inspection générale des finances en 1998, puis un autre du ministère des Finances en 2002 en étudient les modalités[1].

Enfin, en 2006, le ministre des Finances Thierry Breton engage une concertation pour instaurer le prélèvement à la source au 1er janvier 2009. Au journaliste Olivier de Lagarde qui lui demande, lors d'une interview sur France Info le 22 décembre 2006, pourquoi avoir attendu d'être à cinq mois de la présidentielle pour lancer ce projet, il expliquera que la première phase était la déclaration d'impôt préremplie et qu'il fallait maintenant dix-huit mois pour que les entreprises puissent mettre en œuvre efficacement le prélèvement à la source. C'est la raison pour

1. Inspection générale des finances, « La mise en place d'une retenue à la source en matière d'impôt sur le revenu », décembre 1998 ; ministère de l'Économie et des Finances, « Le point sur la retenue à la source de l'impôt sur le revenu », février 2002.

laquelle il lançait la concertation en demandant à « trois sages » un rapport pour mars 2007 [1], sur les modalités de mise en œuvre « afin que tout soit prêt pour son successeur ». Et comme le journaliste lui faisait remarquer que le projet de prélèvement à la source figurait dans le programme de Ségolène Royal, mais pas dans celui du candidat qu'il soutenait à la présidentielle, Nicolas Sarkozy, il assura que celui-ci était en plein accord avec lui pour le mettre en œuvre s'il était élu.

Mais l'inquiétude d'Olivier de Lagarde était prémonitoire. Même si le coauteur du projet, Jean-François Copé, à l'époque ministre du Budget, deviendra président du groupe majoritaire dans la mandature Sarkozy, le dispositif « clefs en main » que les deux ministres prétendaient transmettre à leurs successeurs [2] tombera aux oubliettes.

La même année, un rapport d'information de la commission des finances de l'Assemblée nationale de Didier Migaud [3] étudiait le prélèvement à la source dans la perspective de la fusion de l'IR et de la CSG. Plus récemment, pas moins de quatre rapports traitant du prélèvement à la source avec plus ou moins de détails – et relativisant d'ailleurs ses avantages – ont été publiés depuis 2012 [4].

1. Raymond Viricelle, Claude Bébéar et François Auvigne, *Rapport sur les modalités de mise en œuvre du prélèvement à la source de l'impôt sur le revenu en France*, Paris, La Documentation française, mars 2007.

2. Discours de Thierry Breton lors de la remise du rapport sur le prélèvement à la source, 27 mars 2007 (en ligne sur le portail des Finances).

3. Didier Migaud, « Le prélèvement à la source de l'IR et la fusion de l'IR et de la CSG », rapport d'information n° 3777, Assemblée nationale, mars 2007.

4. Rapport du Conseil des prélèvements obligatoires, « Progressivité et effets redistributifs des prélèvements obligatoires sur les ménages », 2011 ; Bercy, Direction de la Sécurité sociale, rapport interadministratif du gouvernement au Parlement sur « les conditions de mise en œuvre d'une fusion progressive de l'IR et de la CSG », 2012 ; Dominique Lefebvre et François Auvigne, « Rapport sur la fiscalité des ménages », rédigé par le groupe de travail créé dans le cadre de la

Certes, le programme de François Hollande évoquait le prélèvement à la source et même la révolution fiscale, mais les déboires du gouvernement dès la fin de la première année et la réorientation des allégements fiscaux vers le CICE avaient étouffé toute possibilité de mise en œuvre d'une réforme de l'IR, comme nous l'avons évoqué dans les premiers chapitres de ce livre. Conscient que le prélèvement à la source était le seul sujet qui était reçu positivement dans l'opinion, Jean-Marc Ayrault tenta de le relancer en fin d'année 2013, mais la question fut enterrée avec la nomination de Manuel Valls à Matignon.

Elle ne resurgit qu'en fin de mandat, quand François Hollande vit l'occasion d'un coup politique à la veille du congrès socialiste. Devenu président, Emmanuel Macron la décala d'un an pour qu'elle n'interfère pas avec « sa » réforme fiscale qui transférait les cotisations chômage sur la CSG. C'est ainsi que le hasard et la nécessité firent aboutir un projet qui fut en débat près de soixante ans.

L'enseignement des expériences étrangères

Parmi les pays développés, où le prélèvement à la source de l'impôt sur le revenu est la règle depuis des décennies, la France, la Suisse et Singapour font figure d'exception. La singularité de la Suisse résulte de la forte autonomie fiscale des cantons et des communes, tant pour les taux que pour la perception. Le prélèvement à la source est en revanche appliqué aux frontaliers qui travaillent dans la Confédération.

---

remise à plat de la fiscalité lancée par Jean-Marc Ayrault, avril 2014 ; rapport du CPO commandé par le Sénat, « Impôt sur le revenu, CSG : quelles réformes ? », février 2015.

Dans tous les pays, la retenue à la source est effectuée au niveau de l'entreprise, et presque tous mettent en œuvre une régularisation l'année suivante, lorsque l'ensemble des revenus et des dépenses fiscales est connu. Le prélèvement à la source ne dispense donc pas d'une déclaration de revenus et d'une régularisation l'année suivante. Les seuls pays qui ont supprimé les obligations déclaratives pour un nombre important de contribuables sont le Danemark et le Royaume-Uni, où l'impôt est beaucoup plus simple que le nôtre.

La somme des prélèvements mensuels en fin d'année est dans certains pays supérieure au montant global de l'impôt dû, notamment lorsque les réductions d'impôt pour dépenses fiscales sont prises en compte au stade de la régularisation. La déclaration de revenus s'accompagne alors d'une restitution, ce qui la rend plus agréable pour le contribuable.

La généralisation du prélèvement à la source, malgré la grande diversité des systèmes fiscaux, montre qu'il est compatible avec des impôts fortement personnalisés (familialisation notamment). Cette personnalisation est souvent intégrée dès la retenue à la source, avec un barème ou un taux moyen d'imposition transmis par l'administration fiscale ou par le contribuable. En Allemagne, le barème qui s'applique pour la retenue à la source sur les salaires est dérivé du barème général de l'impôt sur le revenu, avec des calculs détaillés réalisés par les logiciels de paie de l'entreprise qui prennent en compte la situation familiale, les différents abattements et même la confession religieuse, en raison de l'impôt sur les cultes. La forte sensibilité dans notre pays à la question de la confidentialité a toujours conduit à préconiser dans les différents rapports sur le prélèvement à la source, la transmission du taux personnalisé par l'administration fiscale.

La retenue à la source de l'impôt sur le revenu a souvent été introduite avec comme objectif principal d'améliorer le recouvrement des recettes fiscales de l'État. Ce fut explicitement le cas au Canada (1917), en Australie (1942), aux États-Unis (1943) et au Royaume-Uni (1944), où la retenue à la source a été mise en place en période de guerre. De nombreux autres pays où le taux de recouvrement de l'impôt prélevé à la source est élevé (99,5 % aux Pays-Bas et 99,7 % au Danemark) ont eu le même but.

En France, le taux de recouvrement des prélèvements à la source dans la sphère sociale sur les salaires (cotisations et contributions sociales) est particulièrement élevé (99,5 %). Il contraste avec les taux des prélèvements sociaux sur les indépendants, plus faibles. De même, le prélèvement à la source des plus-values immobilières en 2004 s'est accompagné d'une augmentation spectaculaire des plus-values déclarées. Un phénomène comparable a été observé en Nouvelle-Zélande, avec l'introduction en 1989 d'une retenue à la source sur les produits de placement.

Mais, comme le remarquait le rapport du Conseil des prélèvements obligatoires en 2012, « les gains théoriquement attendus de la retenue à la source en matière d'efficacité du recouvrement ont été largement atteints par les réformes engagées par l'administration fiscale depuis 2000 ». Il en est de même des gains potentiels de productivité, qui ont été largement obtenus par d'autres moyens (automatisation de la saisie, généralisation des moyens de paiement dématérialisés…).

C'est d'ailleurs sur cette base que nombre de rapports administratifs autour des années 2012 soulignaient le moindre intérêt du prélèvement à la source pour l'État. Pourtant, quand on privilégie l'intérêt du citoyen, la pertinence du prélèvement à la source est plus évident aujourd'hui qu'hier.

Les avantages pour le contribuable : simplicité, simultanéité, facilité de gestion

Pour le contribuable, le prélèvement à la source de l'impôt comporte trois avantages : la simplicité du mode de prélèvement, l'ajustement rapide à sa situation financière et la facilité de gestion qui résulte d'un salaire net d'impôt. C'est ce qu'a montré en 2002 une enquête menée par le Conseil des impôts auprès de 600 contribuables. Parmi les personnes interrogées qui se déclaraient favorables à un prélèvement à la source, 42 % mettaient en avant sa simplicité, 29 % la facilité de gestion résultant d'un revenu net d'impôt, et 12 % le fait que l'impôt s'ajuste ainsi rapidement à la situation du contribuable.

Plus significative encore est la préférence massive des contribuables pour le prélèvement à la source lorsqu'il est proposé en option. L'exemple du prélèvement forfaitaire libératoire sur les revenus du capital auquel il était procédé avant 2013 est à cet égard éclairant. En 2009, 7,8 millions de contribuables avaient opté pour ce type de prélèvement en raison de sa simplicité, alors que seule une minorité (1,9 million de foyers, soit 23 %) avait un intérêt financier à le faire.

Un tiers des contribuables connaît en moyenne chaque année une baisse de revenu et cette proportion atteint même 40 % depuis 2008. Pour ces contribuables, la diminution de revenu est de 10 % en moyenne, mais elle dépasse 30 % pour 10 % d'entre eux. Les départs en retraite et le chômage sont les causes principales de ces fortes baisses de revenu. S'y ajoutent les changements de situation conjugale ou familiale.

Dans quelle mesure le prélèvement à la source permet-il de s'ajuster à ces changements de situation ? La réponse dépend de façon cruciale de la façon dont est réalisé le prélèvement.

L'importance d'un ajustement instantané du taux de prélèvement

Pour illustrer les répercussions de ces changements de situation sur l'impôt mensuel selon le mode de perception, nous avons comparé dans l'ouvrage publié avec Jean-Marc Ayrault l'impact de trois modes de perception :

– le mode de perception actuel sur les revenus de l'année précédente, avec mensualisation ;

– un prélèvement à la source « imparfait » appliquant au revenu mensuel le taux d'imposition de la dernière déclaration annuelle connue. Dans la première moitié de l'année N, ce taux est celui de la déclaration des revenus de l'année N – 2 et, dans la seconde moitié, c'est celui de l'année précédente (N – 1) ;

– un prélèvement à la source « parfait » où le taux d'imposition est calculé en « temps réel » en fonction de l'évolution des revenus du contribuable.

Nous avons appliqué cette analyse au cas d'un contribuable célibataire qui se retrouve au chômage à partir du 1er juillet de l'année 1 et retrouve un emploi dix-huit mois plus tard, le 1er janvier de l'année 3. Durant sa période de chômage, son revenu baisse de 30 % et s'établit juste en dessous du seuil d'entrée dans l'impôt sur le revenu.

L'imposition actuelle introduit non seulement un décalage d'un an entre le revenu annuel et l'impôt dû, mais ce décalage est prolongé dans les six premiers mois de l'année suivante par la mensualisation, qui applique le taux d'imposition de la dernière déclaration annuelle connue (année N – 2). Le résultat est que le contribuable continue à payer un impôt pendant toute la période de dix-huit mois où il est au chômage et devient non imposable au moment où il retrouve un emploi, au 1er janvier de l'année 3. Il est enfin remboursé du trop-perçu l'année suivante (année 4).

Le prélèvement à la source « imparfait », avec le taux de la dernière déclaration connue, a l'avantage d'appliquer ce taux au revenu de l'année courante. La baisse de l'impôt résulte de la diminution de l'assiette, c'est-à-dire de la baisse du revenu. Mais le taux qui est appliqué à cette assiette est trop élevé, puisqu'il concernait les années où le contribuable n'était pas au chômage. Le taux finit par s'annuler avec dix-huit mois de retard, c'est-à-dire, dans l'exemple retenu, au moment où le contribuable retrouve un emploi.

Ce n'est que dans le cas d'un prélèvement à la source « parfait », où le taux d'imposition s'ajuste immédiatement à la nouvelle situation, que l'impôt s'adapte sans délai à la situation du contribuable : son impôt cesse pendant toute la période où il est au chômage, et il redevient immédiatement imposable en retrouvant un emploi.

L'utilisation du taux moyen d'imposition des années précédentes, appliquée dans la plupart des pays en l'absence d'information mensuelle sur les revenus, n'apporte que l'avantage d'une imposition annuelle cohérente avec le revenu courant, mais au prix d'ajustements importants. Comme le soulignait déjà le rapport commandé en 2007 par Thierry Breton, « avec un taux moyen calculé sur la base des revenus de l'année N – 2 puis de l'année N – 1, une fois la déclaration traitée, une partie importante des bénéfices attendus de la retenue à la source disparaîtrait [1] ».

1. Raymond Viricelle, Claude Bébéar et François Auvigne, *Rapport sur les modalités de mise en œuvre du prélèvement à la source de l'impôt sur le revenu en France*, *op. cit.*, p. 15.

Un prélèvement à la source instantané ?

Le fait d'être presque le dernier pays à mettre en œuvre le prélèvement à la source avait au moins potentiellement un avantage : celui de pouvoir réaliser un prélèvement parfaitement ajusté aux revenus perçus les mois précédents grâce aux progrès de l'informatique et de la collecte des données fiscales.

Quand Jean-Marc Ayrault relança la réforme fiscale à l'automne 2013, Matignon avait parfaitement intégré les changements majeurs qu'apporterait la généralisation de la déclaration sociale nominative (DSN) initialement prévue pour le 1er janvier 2016. Non seulement cette DSN simplifie les différentes déclarations sociales de l'entreprise en les remplaçant par la transmission unique, mensuelle et dématérialisée des données issues de la paie, mais elle permet à l'administration fiscale de reconstituer tous les mois les revenus imposables par foyer fiscal à partir des revenus imposables qui figurent déjà sur la feuille de paie.

Cela permettait d'éviter l'étape d'un prélèvement à la source « à l'ancienne » fondé sur le taux d'imposition des années précédentes dont nous venons de voir les limites, pour mettre en œuvre un prélèvement avec un taux instantané [1].

Le principe est le suivant : le logiciel de paie de l'entreprise calcule le taux d'imposition de référence correspondant au salaire de chaque salarié, en appliquant à ce salaire le barème correspondant à un célibataire. Le mode de calcul du taux men-

1. Cette modernisation du prélèvement à la source était détaillée dans notre ouvrage : Jean-Marc Ayrault et Pierre-Alain Muet, *Pour un impôt juste, prélevé à la source*, *op. cit.*, et dans l'étude de Romain Perez et Marc Wolf, « Retenue à la source : le choc de simplification à l'épreuve du conservatisme administratif », Terra Nova, mai 2015 (en ligne).

suel cohérent avec les revenus versés par l'entreprise depuis le début de l'année existe déjà depuis longtemps dans les logiciels de paie des entreprises, puisque c'est celui qui s'applique aux cotisations patronales dégressives.

De son côté, tous les 15 du mois, le système informatique de l'administration fiscale enregistre automatiquement sur le compte fiscal du foyer le salaire versé à chaque membre du foyer ainsi que les prélèvements déjà effectués, puis calcule les taux « optimisés » qui tiennent compte de la situation réelle du foyer fiscal. Ce sont ces taux « optimisés » qui sont téléchargés chaque mois par l'entreprise pour mettre en œuvre le prélèvement à la source.

Illustrons-le par un exemple[1]. Claude et Dominique sont mariés et ont deux enfants. Le salaire de Dominique est tel que s'il était célibataire son taux d'imposition serait de 12 % ; c'est ce que nous appelons son taux de référence. Pour Claude dont le salaire est plus faible, ce taux de référence est de 4 %. Avec les revenus qu'ils perçoivent, l'application du quotient familial conduit à diviser par deux leur impôt. Les taux optimisés sont donc de 6 % au lieu de 12 % pour Dominique et de 2 % au lieu de 4 % pour Claude. Ce sont ces taux (ou la réduction de taux) que l'entreprise peut télécharger *via* la DSN pour appliquer le prélèvement à la source.

Pour respecter la confidentialité, nous proposions que l'entreprise ne puisse pas télécharger un taux plus élevé que le taux de référence. Si le taux optimisé était supérieur à ce taux de référence, c'est ce dernier qu'appliquerait l'entreprise. Un taux inférieur au taux de référence préserve en effet la confidentialité, car il peut résulter de situations diverses : quotient conjugal, enfants à charge, ou utilisation de niches fiscales. Si, en revanche, le

1. L'exemple est développé dans Jean-Marc Ayrault et Pierre-Alain Muet, *Pour un impôt juste, prélevé à la source*, *op. cit.*, p. 58 et suivantes.

taux d'imposition du salarié est supérieur à ce taux de référence, l'employeur dispose d'une information sur la richesse du foyer : soit son conjoint a des revenus plus élevés, soit il possède d'autres sources de revenus (patrimoniales, par exemple). Seuls 20 % des salariés ont un taux d'imposition du foyer supérieur à leur taux de référence.

Que se passe-t-il si Claude se retrouve au chômage en cours d'année et perçoit un revenu 30 % plus faible ? Son taux d'imposition s'annule immédiatement, puisque son taux de référence devient nul et le taux de Dominique s'ajuste progressivement à la baisse de revenus du couple. En fin d'année, l'imposition du couple s'est ajustée à la nouvelle situation à quelques euros près. Une étude comparable appliquée à un couple dont l'un des membres a des revenus irréguliers aboutit au même résultat[1].

Quand Bercy reprend les projets de Breton des années 2006

Pour des raisons confuses liées au conservatisme d'une administration fiscale qui à l'origine n'en voulait pas, le choix qui fut fait par les ministres de François Hollande, puis entériné par les ministres de Macron, fut de perpétuer un prélèvement à la source « à l'ancienne », fondé sur les taux issus des déclarations de revenus des années précédentes. Lorsque François Hollande relança le projet, prenant de court l'administration fiscale, celle-ci ressortit de ses cartons les projets conçus pour Thierry Breton qui attendaient dans les placards. La prise en compte de la DSN qui aurait pu (et dû) conduire à l'application d'un taux instantané se limita à la transmission informatique du taux historique,

1. Étude de Terra Nova précédemment citée.

au lieu d'une transmission papier[1] ! Comme le soulignait la contribution de la CFDT remise à la commission des finances du Sénat lors des auditions de la mission d'information sur le prélèvement à la source en novembre 2016[2] :

> « Asseoir le prélèvement sur la base des revenus de l'année N – 2 apparaît comme une solution d'un autre âge. La DSN permettant de connaître chaque mois les revenus dont disposent les foyers fiscaux, il est tout à fait possible d'affiner au fil de l'année le taux d'imposition réel [...]. Ce qu'il est possible de faire pour les exonérations de cotisations sociales [...] doit l'être pour le prélèvement de l'impôt. »

Certes, même avec un prélèvement imparfait, le contribuable étant imposé sur le revenu de l'année en cours peut faire état de sa situation, par exemple lorsqu'il se retrouve au chômage, pour que son taux du prélèvement soit ajusté. Mais, d'une part, cela prend du temps et, d'autre part, cela ne corrige pas le fait que le calcul de l'impôt n'est pas cohérent avec les revenus récents.

Dans le volumineux ouvrage consacré à l'évaluation préalable de l'article 38 de la loi de finances pour 2017 qui instaurait le prélèvement à la source, l'administration fiscale évoque toute une série d'arguments pour justifier (en deux pages) d'en rester à un prélèvement « d'un autre âge » pour reprendre l'expression de la CFDT. Depuis la complexité des échanges informatiques (oubliant que les entreprises font ce genre d'échange plusieurs fois par jour), jusqu'à des arguments sur l'importance des

1. Voir les différents articles sur le prélèvement à la source sur le blog de Marc Wolf (*Alternatives économiques*), notamment celui du 10 septembre 2017.

2. « Le prélèvement à la source : un choc de complexité », rapport d'information n° 98 du rapporteur général Albéric de Mongolfier, 2 novembre 2016, p. 184.

régularisations qui prêtent à sourire quand on compare les simulations d'un taux ajusté au fil de l'eau que nous avons évoquées avec celles qui résultent des taux historiques.

En réalité, c'est une note de bas de page d'une ligne qui résume la vraie raison[1] : « [...] la DSN pourrait être utilisée [...] mais sous réserve des délais nécessaires pour permettre à l'administration fiscale de recalculer les taux ».

En affirmant en septembre 2017 que l'administration sera en mesure de « calculer les aides personnelles au logement sur la base du revenu en cours des bénéficiaires, et non plus sur le revenu d'il y a deux ans », le secrétaire d'État auprès du ministre de la Cohésion des territoires Julien Denormandie propose simplement d'appliquer à la sphère sociale le principe que l'administration fiscale refuse pour le prélèvement à la source de l'impôt[2]. On peut espérer que la lumière finira par atteindre l'administration fiscale et que, dans quelques années, le prélèvement instantané finira par voir le jour.

L'individualisation du prélèvement permet de tenir compte des capacités contributives de chaque conjoint

Outre l'avantage d'un ajustement immédiat à la situation du contribuable, le prélèvement à la source oblige à se poser la question du partage du recouvrement de l'impôt entre les deux conjoints. Il est tout à fait possible de mettre en place un mode de prélèvement à la source qui ne reproduise pas l'inégalité de l'imposition conjointe, tout en conservant le quotient familial.

1. « Prélèvement à la source de l'impôt sur le revenu, évaluation préalable de l'article 38 », Projet de loi de finances pour 2017, note 15, p. 282.

2. Déclaration au *Journal du dimanche*, 17 septembre 2017.

Lorsque l'impôt est mensualisé, le prélèvement est parfois partagé entre les deux conjoints ou s'effectue sur un compte commun, ou encore sur le compte du conjoint dont le revenu est le plus élevé. Le prélèvement à la source oblige à s'interroger précisément sur la répartition de l'imposition entre les deux conjoints. La méthode décrite dans le paragraphe précédent fonde ce partage sur le revenu individuel de chacun des conjoints. Elle apporte ainsi une réponse à l'inégalité fiscale au sein du couple évoquée dans le chapitre 11, tout en respectant totalement la confidentialité de la situation du contribuable vis-à-vis de l'entreprise.

Dans l'exemple précédent, les taux optimisés de Claude et Dominique (6 et 2 %) sont parfaitement en phase avec leur revenu individuel. Le quotient conjugal et familial a simplement eu pour effet de réduire les taux d'imposition moyens et marginaux de chacun, tout en respectant la hiérarchie des revenus individuels. Chaque euro supplémentaire gagné par Claude et Dominique est imposé à leur taux marginal respectif.

L'administration fiscale a fait un choix différent. Le taux d'imposition du foyer s'appliquera aux deux membres du couple, sauf s'ils font la demande d'un taux individualisé. Dans ce cas, le taux individualisé applicable au conjoint ayant le revenu le plus faible sera le taux d'un célibataire bénéficiant de la moitié du quotient familial et dont le revenu est égal au salaire augmenté de la moitié des revenus communs du couple, l'impôt du foyer étant soldé sur le revenu le plus élevé. Cette approche, voisine de la précédente, conserve en partie la cohérence des taux marginaux applicables aux revenus respectifs, même si c'est le revenu le plus élevé qui bénéficie du quotient conjugal.

Si le foyer ne choisit pas le taux individualisé alors que les revenus diffèrent au sein du couple, ce schéma reproduira explicitement l'inégalité au sein du couple évoquée dans le chapitre 11, alors qu'elle n'est qu'implicite dans l'imposition actuelle. La logique d'un impôt progressif aurait voulu que l'individualisation du prélèvement soit la norme et que le foyer puisse choisir éventuellement une option différente.

Même si la mise en œuvre du prélèvement à la source repose sur un dispositif d'un autre âge, il aura le mérite d'exister enfin en 2019. C'est la raison pour laquelle je l'ai soutenu et voté sans états d'âme en 2016, malgré des réticences exprimées en séance. Il s'en est d'ailleurs fallu de peu qu'il disparaisse à nouveau comme en 2006, puisque lorsque François Fillon était le favori « incontournable » de la présidentielle, il proposait de l'abroger, alors que la droite en avait toujours soutenu le principe. On pouvait même craindre que le report d'un an devienne une nouvelle fois un ajournement. Cela n'a heureusement pas été le cas, car, quelles qu'en soient les imperfections, le prélèvement à la source reste une avancée majeure. Et, puisque certains ministres du gouvernement se posent la question d'un calcul au fil de l'eau des aides au logement, on peut espérer qu'ils élargiront leur réflexion au même usage de la DSN pour l'impôt sur le revenu. C'est précisément cette articulation entre l'impôt et la protection sociale que nous allons évoquer dans le chapitre suivant, consacré au revenu universel.

Chapitre 12

Du RMI au revenu universel

Jeudi 30 juin 2016, salle de commission au Sénat. La mission d'information sur « l'intérêt et les formes possibles de mise en place d'un revenu de base » dont le sénateur Daniel Percheron est rapporteur poursuit ses auditions hebdomadaires. Michel Rocard, souffrant, n'a pu se rendre à l'audition où vont se succéder deux interventions lumineuses [1] : celle de Lionel Stoléru, économiste et ancien ministre de Giscard d'Estaing, et de François Mitterrand, qui mettra en œuvre le RMI en 1988, puis celle de l'économiste Daniel Cohen.

Lionel Stoléru explique que, lorsqu'il était au cabinet de Valéry Giscard d'Estaing, alors ministre des Finances, il s'était rendu aux États-Unis pour étudier pendant trois mois l'impôt négatif, préconisé notamment par Milton Friedman. Il en était rentré persuadé que l'on pouvait « vaincre la pauvreté dans les pays riches » – c'est le titre du livre qu'il écrivit à son retour – en créant une allocation versée à toute personne n'ayant pas de revenu, si possible de façon automatique, c'est-à-dire sous la forme d'un versement fiscal. Devenu président de la République,

1. Daniel Percheron, « Le revenu de base en France : de l'utopie à l'expérimentation », rapport d'information n° 35, 13 octobre 2016, compte rendu des auditions, p. 251-271 (en ligne sur le site du Sénat).

Valéry Giscard d'Estaing, qui avait créé le minimum vieillesse, ne voulait pas en revanche que « l'on paie des gens à ne rien faire ». On pouvait créer un revenu minimum pour les retraités, « qu'on ne pouvait pas accuser d'être des fainéants », mais pas pour ceux qui étaient en âge de travailler. L'idée fut donc oubliée pendant quinze ans.

En 1988, dans sa *Lettre à tous les Français*, François Mitterrand annonce que, s'il est élu, il mettra en œuvre le revenu minimum. Devenu président, il nomme Lionel Stoléru secrétaire d'État chargé du Plan : ce qui était impossible pendant quinze ans est élaboré en trois semaines et voté à l'unanimité. Aux sénateurs qui lui demandent, lors de l'audition de 2016, ce que signifiait le « I » de RMI, Lionel Stoléru répond : « Insertion, mais ce n'était qu'un mot, personne ne pensait qu'il aurait un contenu car on ne savait pas comment faire, mais politiquement cela faisait bien… ». L'objet du RMI n'était pas l'insertion mais la création d'un revenu minimum attribué automatiquement à toute personne sans revenu.

Comme Daniel Cohen le fait après lui, il explique alors que le RMI et le RSA sont déjà d'une certaine façon des embryons de revenus universels, mais mal construits car créés dans la sphère sociale, indépendamment du système fiscal.

À ceux qui pensent qu'un revenu universel versé à tout le monde coûterait nécessairement plusieurs centaines de milliards d'euros, Daniel Cohen explique que, pour peu que l'on aborde la question du revenu universel dans le cadre d'un impôt individualisé et prélevé à la source, il est possible de construire un revenu universel en remplacement du RSA et de l'allocation logement pour « 1 milliard d'euros », en transformant le système fiscal et le RSA.

Le débat sur le revenu universel et son coût rebondira dans la campagne présidentielle de 2017, porté par Benoît Hamon. Dans le projet initial du candidat à la primaire, le revenu universel était l'aboutissement coûteux d'une réforme progressive commençant par l'extension du RSA aux jeunes, puis sa transformation à terme en revenu universel. C'est alors qu'un article signé d'une dizaine de chercheurs, dont Thomas Piketty, Julia Cagé et Dominique Méda, expliquera qu'il est possible pour un coût raisonnable de construire un revenu universel cohérent avec le prélèvement à la source de l'impôt sur le revenu.

C'est ce projet raisonnable et cohérent qu'avec Julia Cagé nous proposerons à Benoît Hamon lors de la campagne présidentielle et qu'il intégrera *in fine* dans son programme. Mais les campagnes présidentielles étant plus propices au prêt-à-penser idéologique qu'à la pédagogie, la seule chose qui émergea fut que Benoît Hamon « rabotait » son projet de revenu universel, alors que le projet final était plus « universel » que le projet initial[1].

Le revenu universel n'est pas une utopie coûteuse, même si certains l'ont rêvé ainsi, mais l'aboutissement naturel de trente ans de tâtonnements pour mettre en place une protection sociale adaptée au XXIe siècle. Et comme il est plus facile de comprendre les tâtonnements du passé à la lumière de ce qui serait souhaitable, nous commencerons par dessiner un revenu universel avant de revenir sur l'histoire compliquée du RMI, du RSA, de la prime pour l'emploi et de la prime d'activité.

Dessine-moi un revenu universel (1re partie) : un conte philosophique

Dans une principauté éclairée, le Prince, qui avait lu les philosophes, voulait créer une protection sociale universelle

1. Julia Cagé et Pierre-Alain Muet « Le revenu universel de Benoît Hamon est vraiment universel », *Le Journal du dimanche*, 12 avril 2017 (en ligne).

consistant en un revenu de 600 écus versé à tout le monde. Comme il était sage, il voulait le financer soit par une extension de l'impôt sur le revenu déjà existant, soit par un nouvel impôt qui financerait exclusivement ce revenu universel. Son ministre des Finances lui ayant objecté les difficultés de ces deux propositions, il fit appel à Zadig, qui conseilla en d'autres temps le roi de Babylone, pour lui demander de l'aide.

Le Prince : Mon cher Zadig, vous qui avez réglé la dispute entre les adeptes du temple, peut-être pourrez-vous m'aider à résoudre le conflit entre mon ministre des Affaires sociales et mon ministre des Finances au sujet de la mise en place de mon projet de revenu universel.

La proposition de mon ministre des Affaires sociales est de verser tous les mois à tous les citoyens de la principauté un chèque de 600 écus. Ce revenu universel serait financé par un nouvel impôt recouvré par le ministère des Finances. Mais mon ministre des Finances me dit que cela augmenterait de plusieurs centaines de milliards d'écus les dépenses et les recettes du royaume et rendrait notre principauté peu respectable au regard des banquiers des royaumes d'Europe.

Zadig : Mon Prince, puisque votre revenu est universel, il n'est pas nécessaire que ce soit votre ministère des Affaires sociales qui le verse. Le ministère des Affaires sociales est parfaitement compétent pour verser des allocations sous condition de ressources comme le sont la plupart de vos allocations où il faut prendre en compte différents critères personnels (logement, revenu fiscal de référence, composition de la famille…), avant de les attribuer. Mais puisque votre revenu est universel et ne dépend d'aucun critère, il peut être immédiatement versé à tous vos concitoyens par votre ministère des Finances.

Le Prince : Mais, Zadig, vous oubliez une chose. En m'inspirant d'autres royaumes européens, j'ai décidé de simplifier à partir de l'an prochain notre impôt sur le revenu qui sera prélevé à la source. Je vais donc reverser à tous ceux qui paient déjà l'impôt sur le revenu un chèque de 600 écus, alors que j'ai supprimé dans l'autre sens le paiement par chèque de l'impôt sur le revenu ?

Zadig : Au contraire, c'est une excellente nouvelle ! J'avais souvenir que vous étiez la dernière principauté d'Europe à ne pas prélever l'impôt à la source, mais j'ignorais que cela cesserait dès l'an prochain. Cela change tout : plutôt que de faire à la source un prélèvement et un versement tous les mois au même contribuable, vous allez simplifier énormément les choses. Vous allez faire les deux en même temps sans rien changer à votre projet initial de revenu universel.

Le Prince : Comment, sans rien changer ?

Zadig : Puisque c'est le ministère des Finances qui prélèvera l'impôt et versera le revenu universel, il versera à chacun le revenu universel diminué de l'impôt sur tous les autres revenus. Pour ceux qui n'ont pas d'autres revenus, ce sera un versement de 600 écus. Pour les autres, le ministère des Finances leur versera ou leur prélèvera la différence entre le revenu universel de 600 écus et la nouvelle imposition du revenu.

Le Prince : Si j'ai bien compris votre proposition, tout le monde touchera le revenu universel sans que la dépense soit trop élevée.

Zadig : C'est exactement cela. Le profil de votre impôt sur le revenu sera modifié en devenant légèrement plus progressif : il commencera par un versement de 600 écus que l'on appellera impôt négatif. Ce versement diminuera ensuite avec l'augmentation de l'impôt sur les autres revenus perçus et deviendra un prélèvement net au-delà d'un certain seuil.

Abandonnons Zadig et le Prince pour revenir à l'histoire compliquée du RMI, du RSA, de la prime pour l'emploi et de la prime d'activité.

Revenu minimum, revenu universel, impôt négatif : quelques points de repère

Dans ce domaine, comme en matière fiscale, l'Angleterre fut encore une fois pionnière. En 1601, une loi sur les pauvres (*Poor Law*) est instaurée et confère aux paroisses anglaises la prise en charge des indigents, en l'assortissant d'une obligation de travail. Deux siècles plus tard, en 1795, dans un pays confronté à une forte croissance démographique et à une augmentation de la pauvreté engendrée notamment par la clôture des champs communaux et de mauvaises récoltes, la loi dite de Speenhamland, du nom d'une localité du Berkshire, instaure un revenu minimum. Il s'agit d'une allocation dont le montant est déterminé en fonction de la composition du foyer et indexé sur le prix du pain. Plus précisément, il s'agissait, comme le RMI deux siècles plus tard, d'une allocation différentielle versée par les paroisses en complément du salaire, de façon à maintenir un revenu minimum constant. Sa mise en œuvre fit l'objet de nombreux débats, assez proches de ceux qui accompagnèrent plus tard la mise en place de revenus minimaux (« désincitation » au travail…). Elle fut abolie en 1834, la prise en charge des pauvres étant conditionnée à l'obligation de travailler dans des *workhouses*.

Dans les années 1960, la proposition de revenu universel occupera une place importante dans le débat public américain. Martin Luther King défendra en 1967, quelques mois avant son assassinat, l'idée d'un revenu minimum. Mais c'est en relation avec l'idée d'impôt négatif que le débat va se développer aux États-Unis.

Il est d'usage d'attribuer l'idée d'impôt négatif à Milton Friedman, qui l'évoqua dans son ouvrage *Capitalisme et liberté* publié en 1962. Le terme avait pourtant été forgé un siècle plus tôt par l'un des grands économistes français du XIXe siècle, Augustin Cournot. Dans ses *Principes de la théorie des richesses*, il écrivait : « La prime, invention des temps modernes, est l'opposé de la taxe : c'est, pour employer le langage des algébristes, une taxe négative [1] », mais son propos était général et ne concernait pas l'impôt négatif au sens moderne du terme. Le terme a été repris dans sa version moderne par l'économiste keynésien américain Abba Lerner en 1944. Et c'est de façon indépendante [2] que le pape du monétarisme et de l'ultra-libéralisme, Milton Friedman, et le néokeynésien démocrate et lui aussi futur prix Nobel, James Tobin, en précisèrent et popularisèrent le concept.

Friedman proposait de remplacer la plupart des prestations sociales par une allocation monétaire (un impôt négatif) qu'il associait à une imposition proportionnelle des revenus. La combinaison des deux donne en effet une certaine progressivité à l'impôt dont le taux tend asymptotiquement vers le taux proportionnel quand le revenu augmente. L'objectif de Friedman était de simplifier (et implicitement de réduire) la protection sociale. Si Friedman n'a guère développé les conséquences concrètes de sa proposition, James Tobin a étudié dans plusieurs articles la

1. Augustin Cournot, *Principes de la théorie des richesses*, Paris, Hachette, 1863, p. 374 (en ligne sur le site de la BnF).

2. Cf. l'échange entre Eduardo Suplicy et Milton Friedman où ce dernier indique qu'il ne connaissait pas les travaux de Tobin, mais que « l'idée était dans l'air » (Basic Income Earth Network).

possibilité de verser un revenu universel de 1 000 dollars sous la forme d'une allocation universelle ou d'un crédit d'impôt. Celle-ci n'avait pas vocation à remplacer l'ensemble des prestations sociales, mais à constituer un revenu minimum. Cette proposition (appelée *Demogrant*) fut reprise par le candidat démocrate George McGovern lors de la campagne présidentielle de 1972.

Richard Nixon, réélu en 1972 contre McGovern, avait porté un projet similaire dans le cadre du *Family Assistance Act* voté par la Chambre des représentants en 1970, mais le texte n'avait pas franchi l'opposition du Sénat.

Jusqu'au milieu des années 1980, la question du revenu universel disparaît de l'agenda politique même si ses partisans se structurent, notamment avec la création en 1986 par Philippe Van Parijs d'un réseau européen pour un revenu universel (Basic Income European Network, BIEN, rebaptisé Basic Income Earth Network en 2004). C'est en fait le développement d'une nouvelle pauvreté qui va remettre la question d'un revenu minimum dans l'agenda politique.

La création du RMI

En France, alors que la pauvreté traditionnelle concernait principalement les personnes âgées avant les années 1980, elle touche en priorité les personnes d'âge actif depuis la montée du chômage. Cette situation imposait de repenser le système de protection sociale caractérisé par des aides catégorielles. C'est ainsi qu'au début des années 1980 il existait sept minima sociaux : l'allocation de parent isolé (API), l'allocation aux adultes handicapés (AAH), l'allocation de solidarité spécifique (ASS), l'allocation d'insertion, l'allocation veuvage, le minimum vieillesse et l'allocation supplémentaire d'invalidité.

Face à l'augmentation de la pauvreté, la nécessité d'un dispositif général de lutte contre la pauvreté et l'exclusion est affirmée par le père Joseph Wresinski, fondateur d'ATD Quart Monde, dans son rapport sur la « grande pauvreté » au Conseil économique et social, à la veille des élections présidentielles de 1988. Dans sa *Lettre à tous les Français*, après avoir décrit la détresse de ceux que notre société abandonne sous les coups du chômage dans un long paragraphe consacré aux nouveaux pauvres, François Mitterrand écrit :

> « Je demanderai au prochain gouvernement qu'un revenu minimum soit attribué aux victimes de la nouvelle pauvreté. Peu importe le nom qui lui sera donné, revenu minimum d'insertion ou revenu minimum garanti… L'important est qu'un moyen de vivre ou plutôt de survivre soit garanti à ceux qui n'ont rien […]. C'est la condition de leur réinsertion sociale. Comment financer ? En grande partie par le rétablissement de l'impôt sur les grandes fortunes. Les Français comprendront que celui qui a beaucoup aide celui qui n'a plus rien. »

La loi du 1er décembre 1988 établit, « pour toute personne résidant en France de plus de 25 ans ou ayant la charge d'un ou plusieurs enfants », un Revenu minimum d'insertion. Adopté à la quasi-unanimité du Parlement, son financement par l'État fit cependant débat. La droite, critiquant la centralisation excessive du dispositif, obtiendra l'adoption de plusieurs amendements impliquant les collectivités territoriales dans le volet insertion du dispositif ; une implication qui sera renforcée sous le gouvernement Raffarin en 2003, le département devenant seul responsable pour décider de l'admission, veiller aux conditions de versement de l'allocation et mettre en œuvre le volet insertion.

Trois mois après son lancement, le dispositif comptait déjà 200 000 bénéficiaires et l'augmentation en sera ininterrompue, passant de 400 000 en fin d'année 1989 à 1,2 million vingt ans plus tard, lorsqu'il sera remplacé par le RSA. Le RMI a permis de révéler l'existence de situations de pauvreté inconnues des acteurs publics. Des personnes qui étaient exclues des services sociaux traditionnels ont pu s'inscrire pour en bénéficier. Les contrats d'insertion n'étaient guère contraignants et un bénéficiaire du RMI sur deux n'a d'ailleurs pas signé de contrat. Dès la première année, les hommes et les femmes vivant seuls et les familles monoparentales constituaient les principaux bénéficiaires du RMI. Les bénéficiaires du RMI étaient en moyenne plus jeunes que la population d'âge actif, avec un pic dans la tranche d'âge 25-29 ans.

Puisque la volonté des auteurs du RMI était de créer un revenu minimum inconditionnel, comme l'a exprimé Lionel Stoléru, la question de l'insertion était un problème certes important mais distinct de la question du revenu minimum. D'ailleurs, autant la décentralisation de la politique de l'insertion était nécessaire, car elle n'est efficace qu'au niveau local, autant la décentralisation de la gestion du revenu minimum qui relevait de la stricte politique nationale était inutile et source d'inefficacité.

Le fait de mettre en parallèle la création du RMI et le rétablissement de l'impôt sur la fortune était sans doute un argument pertinent politiquement pour expliquer dans une campagne électorale qu'il était normal que « celui qui a beaucoup aide celui qui n'a plus rien », comme l'écrivait François Mitterrand dans sa *Lettre à tous les Français*. Mais la place naturelle d'un revenu minimum est dans l'impôt qui concerne tous les citoyens, c'est-à-dire l'impôt sur le revenu. C'est la seule façon d'assurer de façon continue la transition de l'inactivité à l'activité.

Car le principal problème du RMI était d'être une allocation différentielle. Au-dessous du revenu minimum, tout revenu issu de l'activité était compensé par une baisse de l'allocation versée, de telle sorte que le revenu ne soit pas inférieur au revenu minimum. Autant dire qu'il n'y avait aucune incitation financière à prendre ou reprendre un emploi à temps partiel faiblement rémunéré, puisque le taux marginal d'imposition des premiers euros gagnés était de 100 %.

« L'intéressement » permettait pendant une certaine période de cumuler partiellement revenus d'activité et RMI. Il a été étendu par le gouvernement de Lionel Jospin aux bénéficiaires de l'allocation parent isolé en 1998, puis sa durée a été allongée en 2001. Les revenus d'activité se cumulaient intégralement avec le RMI au cours des deux premiers trimestres de retour à l'emploi, puis 50 % du revenu d'activité et du RMI au cours des trois trimestres suivants tant que le revenu d'activité ne dépassait pas le RMI.

Pour corriger des prélèvements trop élevés sur les revenus modestes, des travaux du Conseil d'analyse économique allaient conduire à la création de la prime pour l'emploi.

La naissance d'un impôt négatif : du rapport Bourguignon à la création de la prime pour l'emploi

Dans *Fiscalité et redistribution*, François Bourguignon montrait que si la redistribution en France était substantielle en raison de l'importance des prestations, la redistribution par la fiscalité était moindre qu'en Allemagne et au Royaume-Uni du fait de l'étroitesse de l'impôt sur le revenu. Il plaidait pour la mise en place d'un « impôt négatif » d'autant plus pertinent que la CSG était devenue aussi importante que l'impôt sur le revenu. Un second rapport de François Bourguignon et Dominique Bureau sur « l'architecture des prélèvements en France », présenté au Premier ministre Lionel Jospin à la séance du 8 juillet 1999, insistait sur les trappes à pauvreté et inactivité résultant du passage du RMI à l'activité et des pertes de revenu qui accompagnaient la disparition de prestations sous conditions de ressources lorsque le revenu augmentait.

Quand on mesure en effet le « taux marginal d'imposition » résultant d'une augmentation des revenus disponibles, en prenant en compte non seulement la hausse des prélèvements (CSG et impôt sur le revenu), mais aussi les pertes d'allocation sous conditions de ressources, on obtient une courbe en U : c'est sur les revenus les plus modestes que le taux marginal de prélèvement net des prestations est le plus élevé. Ce taux décroît jusqu'à un revenu compris entre 2 et 3 Smic puis augmente ensuite avec la hausse du taux marginal de l'impôt sur le revenu.

En 1998, avant la création de la prime pour l'emploi, le passage du RMI à une activité à temps partiel faiblement rémunérée n'entraînait aucun gain de revenu tant que le RMI lui était supérieur (le taux en question était de 100 %) ; et lorsque le revenu d'activité dépassait le seuil du RMI, la perte des avantages familiaux liés au RMI pouvait même entraîner une baisse de revenu (le taux effectif devenant supérieur à 100 %). Afin d'y remédier, le gouvernement Jospin créa en janvier 2001 la « prime pour l'emploi ». Elle augmentait les ressources à partir d'un revenu d'activité à temps partiel égal à 20 % du Smic. Son impact était maximal pour un Smic à temps plein, puis diminuait ensuite pour s'annuler à 1,4 Smic. Mais la PPE était trop modeste pour abaisser fortement le taux marginal élevé qui pesait sur les faibles revenus. Sa cible était moins la pauvreté (qui était la cible du RMI) que les classes populaires.

Elle avait l'avantage d'être un dispositif fiscal accordé automatiquement en fonction de la déclaration de revenu : il suffisait de cocher une case dans la déclaration pour la percevoir. Il n'y avait pratiquement pas de non-recours. Elle avait en revanche l'inconvénient inhérent à l'impôt sur le revenu d'être perçue avec une année de décalage, alors qu'elle aurait été automatiquement intégrée tous les mois dans un impôt prélevé à la source. En l'absence de prélèvement à la source, la seule façon de compléter le RMI était de continuer dans la logique sociale, mais mensuelle, du RMI. C'est ainsi que naîtra une nouvelle prestation sociale, le RSA.

Le revenu de solidarité active et la prime d'activité

En 2004, un rapport du Conseil de l'emploi des revenus et de la cohésion sociale (CERC) montrait que 1 million d'enfants dans notre pays vivaient sous le seuil de pauvreté (60 % du revenu médian). L'émotion suscitée par ce chiffre conduisit le gouvernement de Jean-Pierre Raffarin à créer une commission « Famille, vulnérabilité, pauvreté » dont la présidence fut confiée à Martin Hirsch, alors président de l'association Emmaüs France. Son rapport, intitulé *Au possible nous sommes tenus, 15 résolutions pour combattre la pauvreté des enfants*, sera remis en avril 2005. Sa résolution numéro deux proposait une nouvelle prestation, le revenu de solidarité active (RSA)[1].

1. Qui reprenait pour l'essentiel les réflexions de Roger Godino sur l'allocation compensatrice de revenu : « Pour la création d'une allocation compensatrice de revenu », in *Pour une réforme du RMI. Notes de la fondation Saint-Simon*, février 1999.

Les deux principaux candidats à la campagne présidentielle de 2007, Nicolas Sarkozy et Ségolène Royal, proposeront l'un et l'autre dans leur projet présidentiel la mise en œuvre du RSA. Dès la formation du gouvernement Fillon en mai 2007, Martin Hirsch deviendra, dans le cadre de la politique d'ouverture de Nicolas Sarkozy, haut-commissaire aux solidarités actives contre la pauvreté, et la loi TEPA (le paquet fiscal de l'été 2007) intégrera l'expérimentation du RSA dans trente-quatre départements et le généralisera par la loi du 1er décembre 2008.

Alors que le RMI était une allocation telle que tout revenu d'activité inférieur était entièrement compensé par une réduction du même montant, le RSA combine un RSA socle, qui est l'ancien RMI, avec un RSA activité qui ajoute à ce socle 62 % du revenu d'activité.

Le RSA est familialisé (le conjoint compte seulement pour une demi-part). Le résultat, comme on l'a vu dans le chapitre 5, est que nous avons dans notre pays deux conceptions de la famille : une pour les riches (le quotient familial de l'impôt sur le revenu), une pour les pauvres, celle du RSA.

Le Comité national d'évaluation du RSA, présidé par François Bourguignon, remettra son rapport final en décembre 2011. Les conclusions du rapport n'étaient guère encourageantes sur son efficacité. D'une part, l'importance du non-recours au RSA activité conduisait à un impact très modeste sur la réduction du taux de pauvreté (de l'ordre de 2 points) ; d'autre part, les études économétriques « ne montraient pas d'effet important et généralisé du RSA sur les taux de retour à l'emploi des bénéficiaires sur la période 2009-2010[1] ». Quant aux craintes que l'on pouvait avoir en termes de développement du temps partiel et des petits boulots, elles ne se sont pas confirmées. Mais, comme le notera

1. Rapport final, décembre 2011, p. 100 (en ligne).

Guillaume Allègre de l'OFCE[1], si le RSA n'avait pas d'effet sur l'offre de travail, il ne pouvait pas avoir d'effet pervers sur la précarité de l'emploi.

Par ailleurs, le RSA a été en partie financé par la réduction de la prime pour l'emploi dont les crédits ont été gelés depuis 2000, passant de 4,4 milliards à 2,8 milliards en 2012. Lors de la mise en place du RSA qui prévoyait de le substituer à divers dispositifs dont la PPE, l'OFCE soulignait que « supprimer la PPE pour financer le RSA reviendrait à faire payer aux classes populaires le financement de la lutte contre la pauvreté ». Le résultat de ces politiques mal construites fut qu'aucun des deux dispositifs n'atteignait ses objectifs.

Et ce que fit *in fine* le gouvernement Hollande en fusionnant prématurément les deux pour créer la prime d'activité ne changea rien : le RSA socle, qui n'était rien d'autre que l'ancien RMI, s'appellera simplement RSA et la fusion entre le RSA activité et la prime pour l'emploi deviendra la prime d'activité, qui perdra toutes les caractéristiques fiscales de la prime pour l'emploi pour retenir la conception familiale du RSA. Le seul avantage, c'est qu'intégrant la prime pour l'emploi le dispositif allait un peu plus loin que le RSA activité ; il s'éteignait à 1,4 Smic. Son inconvénient a déjà été souligné : la familialisation empruntée au RSA a pour conséquence qu'un célibataire au Smic perçoit éventuellement 135 € s'il n'a pas de déduction de forfait logement, mais deux conjoints gagnant chacun 1 Smic ne perçoivent plus que 20 € au total, et s'ils ont chacun 1,1 Smic, ils ne touchent plus rien.

Une bonne articulation du revenu minimum et des revenus d'activité est une condition nécessaire à une bonne politique

1. Guillaume Allègre, « Les échecs du RSA », blog de l'OFCE, 21 décembre 2011 (en ligne).

d'insertion. Mais elle est beaucoup plus que cela, car c'est une question de justice sociale et de justice fiscale. À partir du moment où l'on considère que chaque citoyen a droit à un revenu minimum, on doit faire en sorte que la contrepartie ne soit pas un taux de prélèvement excessif dès qu'il commence à avoir d'autres revenus.

Encore faut-il pour cela ne jamais dissocier la politique sociale et la politique fiscale, ce à quoi nous invite le concept de taux marginal de prélèvement net des aides sociales qui mesure l'impact des prélèvements et des pertes de prestations sous condition de ressources. Or ce sont précisément ces deux politiques fiscales et sociales que réconcilie le revenu universel. Avec un double avantage : étant universel et fiscal, son taux de non-recours est quasi nul et, étant intégré à l'impôt sur le revenu, il est cohérent avec la conception fiscale de la famille.

Dessine-moi un revenu universel (2e partie) : trois scénarios

Quels changements faut-il apporter à notre système fiscal et social pour mettre en œuvre un revenu universel intégré à un impôt prélevé à la source ?

Comme l'a expliqué Zadig, l'intérêt d'un revenu universel est son caractère automatique et universel :

– tout le monde reçoit le revenu universel ;

– tout le monde paie un impôt sur le revenu qui commence au premier euro de revenu d'activité gagné ;

– seul le solde entre le revenu universel et l'impôt sur le revenu est versé ou prélevé tous les mois dans le cadre du prélèvement à la source.

Quand le contribuable n'a aucun autre revenu, le revenu disponible est égal au revenu universel. Dès que le revenu initial augmente, le revenu disponible augmente au-delà du revenu universel, mais moins que l'augmentation du revenu initial en raison de l'augmentation de l'impôt sur le revenu. Mais ce n'est pas le résultat d'une prestation qu'il faut demander : c'est le résultat d'un revenu universel que tout le monde touche et d'un impôt que tout le monde paie.

Pour montrer que l'on peut, comme le suggérait Daniel Cohen dans son audition au Sénat, construire un revenu universel à coût quasi nul, nous allons construire un premier scénario transplantant le système existant (RSA de 550 € et prime d'activité jusqu'à 1,4 Smic) dans un impôt sur le revenu prélevé à la source. Puis nous en construirons deux autres : le scénario 2 conduira à une augmentation plus lissée et plus régulière de la progressivité de l'imposition globale et le scénario 3 donnera une priorité plus forte à la lutte contre la pauvreté en retenant le revenu universel de 600 € proposé par Benoît Hamon dans la campagne présidentielle [1].

Pour pouvoir intégrer un revenu universel sous forme d'impôt négatif dans l'impôt sur le revenu, il faut un prélèvement à la source « instantané » tel que nous l'avons décrit dans le chapitre 11, afin que le versement ou le prélèvement mensuel puisse être réalisé chaque mois en fonction des revenus perçus les mois précédents. Il faut ensuite que soit ouvert à tous les contribuables le choix entre une imposition individuelle ou conjointe, l'imposition par défaut étant l'imposition individuelle. Il faut enfin, comme cela est prévu dans le prélèvement à la source de 2019, que tout contribuable désigne un compte bancaire individuel ou commun pour la

1. Le lecteur souhaitant approfondir ce sujet pourra se reporter à la note « Trois scénarios pour un revenu universel » publiée sur notre site pierrealainmuet.fr, septembre 2018.

régularisation de l'impôt, qui permettra notamment le versement du revenu universel, lorsque le revenu d'activité est faible ou nul.

Dans le scénario 1, nous partons de la valeur actuelle du RSA (550 € par mois) et de la formule générale de la prime d'activité qui consiste, pour des revenus inférieurs à 1,4 Smic, à cumuler le RSA et 62 % des revenus d'activité. Cela revient à verser à toute personne ayant un revenu inférieur à 1,4 Smic un revenu de 550 € diminué d'un prélèvement égal à 38 % (100 – 62) des revenus d'activité. Exprimé ainsi, on voit immédiatement que le RSA et la prime d'activité qui le complète sont en fait une forme de revenu universel conjugué à un impôt sur le revenu commençant dès le premier euro gagné à un taux marginal de 38 % du revenu net. Pour transcrire ce dispositif dans l'impôt sur le revenu, il faut toutefois remplacer le taux appliqué au revenu net par son équivalent au sens du barème de l'impôt sur le revenu, car le taux de l'IR s'applique à un revenu imposable après déduction de 10 % des frais professionnels qui est plus faible que le revenu net. En termes d'impôt sur le revenu, ce taux équivalent est de 40,7 %.

Les quatre premières lignes du tableau suivant représentent la feuille de paie simplifiée d'un salarié lorsque l'impôt sur le revenu est prélevé à la source pour un revenu allant d'un Smic à mi-temps jusqu'à 2,5 Smic. Comme nous le disions dans le chapitre 11, la grande majorité des contribuables constateront qu'ils paient beaucoup plus de cotisations sociales salariales que de CSG et beaucoup plus de CSG que d'impôt sur le revenu.

La prise en compte du revenu universel ne changera que la ligne impôt sur le revenu, qui deviendra « impôt sur le revenu net du revenu universel ». Ce sera un versement mensuel de 550 € pour un contribuable sans autre revenu que le revenu universel, qui s'atténuera avec l'augmentation des revenus d'activité et deviendra un prélèvement net à partir de 1,3 Smic. Enfin, à partir de 1,4 Smic, on rejoint le montant actuel de l'IR.

FEUILLE DE PAIE D'UN CONTRIBUABLE CÉLIBATAIRE SELON SON REVENU (SCÉNARIO 1)

En part du Smic	0	0,5	1	1,3	1,4	1,5	2,06	2,5
	1re tranche (40,7 %)				*2e tranche (14 %)*		*3e tranche (30 %)*	
Revenu mensuel brut	0	740	1 480	1 924	2 072	2 220	3 054	3 701
Cotisations salariales	0	– 83	– 166	– 216	– 232	– 249	– 342	– 414
CSG + CRDS	0	– 71	– 141	– 183	– 212	– 212	– 291	– 353
IR actuel	0	0	0	– 40	– 62	– 93	– 202	– 345
IR net du revenu univ.	*550*	*326*	*105*	*– 29*	*– 62*	*– 93*	*– 202*	*– 345*

En compensant la CSG, ce revenu universel inspiré de la prime d'activité redonne une certaine progressivité à l'ensemble de l'imposition des revenus au voisinage du Smic, mais avec une progression très rapide due à la forte pente du taux marginal (40,7 %) nécessaire pour passer du versement de 550 € à l'impôt actuel à 1,4 Smic. Ce profil heurté (voir scénario 1 sur le graphique) est inhérent au profil de la prime d'activité qui s'annule entre 1,3 et 1,4 Smic.

Pour obtenir une imposition du revenu plus lisse et plus progressive de l'imposition globale des revenus, nous réduisons dans le scénario 2 le taux marginal initial de façon que l'on rejoigne l'imposition actuelle non plus à 1,4 Smic mais au seuil de la troisième tranche de l'impôt actuel, qui est de 2,06 Smic. Le taux marginal initial est alors de 33 %, c'est-à-dire voisin de celui de la troisième tranche, qui est de 30 %. L'allégement d'impôt est substantiel et corrige très fortement le niveau trop élevé du taux moyen d'imposition global actuel pour les revenus inférieurs à 2 Smic.

TAUX D'IMPOSITION GLOBAL DANS LA SITUATION INITIALE ET DANS LES SCÉNARIOS 1 ET 2

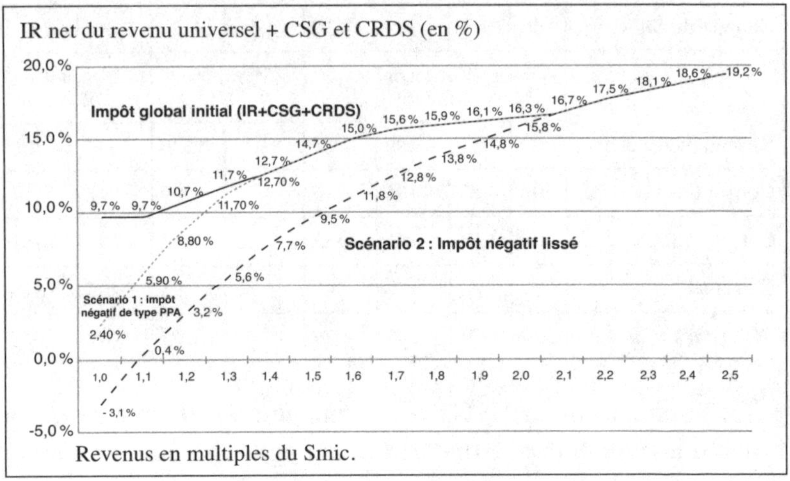

Ce scénario 2 illustre ce que les défenseurs de l'impôt négatif expliquent depuis longtemps : un impôt négatif combiné à un taux marginal constant (ici proche de 30 %) donne, pour les revenus modestes, une progressivité bien plus satisfaisante qu'un impôt sur le revenu traditionnel. Et dans le cas présent la progressivité de l'ensemble de l'imposition des revenus devient parfaitement cohérente puisque, après la tranche de 30 %, les autres tranches d'imposition, inchangées par rapport à l'impôt actuel, la complètent de façon harmonieuse.

Si l'on veut donner une priorité plus forte à la lutte contre la pauvreté, il faut fixer un revenu universel plus élevé et, en outre, l'étendre à tous les jeunes de 18 à 25 ans, puisque ce sont eux qui sont le plus touchés aujourd'hui par la pauvreté. Ce scénario 3 est celui du revenu universel à 600 € proposé par Benoît Hamon dans la campagne présidentielle de 2017. Le raccordement avec l'impôt actuel étant réalisé pour un revenu fiscal de référence de 1,9 Smic, la pente initiale est un peu plus forte (35 %) que celle du scénario 2 précédent et le profil du taux global d'imposition est très proche de ce scénario 2.

Réponse à cinq questions sur le revenu universel

L'impôt négatif ainsi proposé est-il vraiment un revenu universel ?

La question été posée pendant la campagne présidentielle de 2017. Lorsque Benoît Hamon a présenté sa deuxième version du revenu universel, beaucoup de commentateurs ont souligné qu'il rabotait son revenu universel en le ramenant à un dispositif banal : le RSA. Et pourtant ce revenu est bien universel.

Cela ne fait aucun doute pour la première tranche de l'impôt net du revenu universel puisqu'elle est explicitement calculée comme la différence entre le revenu universel et le nouvel impôt sur le revenu. Mais qu'en est-il pour les autres tranches de revenu qui reprennent les montants actuels de l'impôt ? Eh bien, la construction en tranches de notre impôt sur le revenu, qui consiste à reprendre au début de chaque tranche l'impôt terminal de la tranche précédente et à y ajouter l'impôt dû sur la tranche courante, a une conséquence : tout ce qui est introduit dans la première tranche de l'impôt sur le revenu est automatiquement inséré dans les tranches suivantes.

Cela est vrai de la première tranche à taux zéro de l'impôt actuel : non seulement elle rend non imposables les titulaires de revenus inférieurs à 14 600 € (en 2018), mais tout contribuable, quel que soit son niveau de revenu, n'est pas imposé sur ses 14 600 premiers euros de revenu annuel. Il en est exactement de même de la première tranche de l'impôt net du revenu universel.

Puisque l'impôt net commence par un impôt négatif (un versement de 550 ou 600 € selon le scénario) avant tout prélèvement sur les revenus d'activité ou de remplacement, ce revenu universel est automatiquement pris en compte dans toutes les tranches suivantes.

En d'autres termes, que l'on distingue deux lignes pour faire apparaître le revenu universel et le nouvel impôt sur le revenu sur la feuille de paie ou qu'il soit noyé dans une seule ligne (impôt net du revenu universel), toute hausse de ce revenu universel se répercute automatiquement à tous les niveaux de revenus : c'est en cela qu'il est universel.

Qu'apporte le revenu universel par rapport au RSA ?

Même si les montants concernés sont les mêmes dans le scénario 1, la différence est considérable :

– il n'y a plus la dualité entre une conception de la famille pour les pauvres (RSA et prime d'activité) et une autre pour les riches (impôt sur le revenu) ;

– il n'y a aucun traitement particulier, ce que l'on paie ou ce que l'on touche est automatique et ne dépend que de son revenu imposable ;

– il n'y a aucune stigmatisation et donc aucun non-recours, celui qui ne touche que le revenu universel le perçoit comme tout le monde et s'il a des revenus d'activité même très faibles, il paie l'impôt dès le premier euro, même si le résultat global (impôt net du revenu universel) est un versement.

Comment est réalisé le versement ou le prélèvement pour un actif à temps partiel ?

Le prélèvement à la source de l'impôt net du revenu universel est relativement simple sur la feuille de paie pour un salarié à temps complet. Le total des cotisations sociales et de la CSG dépasse le versement qui pourrait résulter de l'impôt négatif si bien que l'ensemble reste un prélèvement qui peut être réalisé par l'employeur sur la feuille de paie, sans qu'il ait à supporter un relais de trésorerie.

Le prélèvement à la source est déjà compliqué avec l'impôt traditionnel pour le salarié qui perçoit d'autres revenus ou qui a des employeurs multiples. Il faut l'adapter également avec le revenu universel au cas d'un salarié à temps partiel au Smic. La solution la plus simple consiste à proratiser le barème de l'impôt net du revenu universel en fonction du temps d'activité mentionné au contrat de travail.

Considérons un salarié à mi-temps au Smic. L'impôt négatif auquel il a droit, s'il n'a que cette activité, est de 326 € par mois dans le scénario 1 ; mais comme il travaille à mi-temps, le versement *prorata temporis* sur la feuille de paie sera seulement de la moitié de ce montant, soit 163 €. Sans doute ce versement apparaît-il supérieur à l'ensemble des cotisations salariales et CSG-CRDS, mais il reste inférieur toutefois au total des prélèvements quand on y inclut les cotisations patronales. Il est donc possible de réduire du montant en question le prélèvement global sur le salaire brut dû par l'employeur.

Si le salarié a un autre emploi à mi-temps au Smic, le même processus complétera son impôt négatif, qui atteindra la somme de 326 €. S'il n'a pas d'autre emploi, c'est l'administration fiscale qui complétera le mois suivant sur son compte en banque la somme correspondante de telle sorte qu'il perçoive bien les 326 €. S'il est marié ou pacsé et a choisi l'imposition commune, l'ajustement se fera sur la feuille de paie du conjoint et/ou sur le compte désigné par le couple pour compléter en plus ou en moins ce qui ne peut se faire sur les feuilles de paie.

Si l'un des deux membres du foyer n'a pas d'activité professionnelle, pourra-t-il bénéficier du versement du revenu universel ?

Par construction, tout le monde perçoit explicitement ou implicitement le revenu universel, mais les modalités dépendent du choix du foyer entre l'imposition individuelle ou l'imposition commune (ce choix pouvant résulter de la volonté de bénéficier d'un avantage fiscal ou de convenances personnelles).

Si le foyer choisit l'imposition individuelle, le conjoint inactif percevra sur son compte bancaire le revenu universel de 550 ou 600 € selon le scénario (augmenté de la moitié des avantages familiaux s'ils ont des enfants). Son conjoint sera imposé comme un célibataire recevant ou payant l'impôt net du revenu universel et bénéficiant de l'autre moitié des avantages familiaux (les revenus communs étant également partagés entre les deux conjoints).

S'ils choisissent l'imposition commune, le foyer sera imposé selon le barème de l'impôt net du revenu universel qui s'applique à leur revenu fiscal de référence (pour deux parts) et le prélèvement à la source se fera sur la feuille de paie du conjoint actif s'il est salarié, suivi le mois d'après d'éventuelles régularisations et compléments sur le compte commun du couple.

Et pour un enfant majeur ?

Dans le scénario 3, où le revenu universel est généralisé à toute personne de plus de 18 ans, un enfant majeur qui ne travaille pas pourra choisir une imposition individualisée, auquel cas il percevra le revenu universel de 600 €, ou demander à être rattaché au foyer de ses parents qui bénéficieront des avantages familiaux correspondants.

Conclusion

Dans le prolongement des combats que j'ai menés à l'Assemblée nationale pour tenter de réformer notre imposition des revenus, ce livre est né de deux convictions.

La première est que, faute d'avoir su réformer notre impôt sur le revenu, il est resté aveugle aux changements concernant la famille ou l'activité intervenus depuis la Seconde Guerre mondiale et n'a cessé de se complexifier avec la multiplication de niches fiscales et la succession de réformettes, uniquement inspirées par des considérations de court terme. Par ailleurs, faute d'avoir mis en œuvre le prélèvement à la source quand tous les autres le faisaient, notre impôt, assis sur le revenu des années précédentes, est mal adapté aux accidents de la vie professionnelle (chômage ou baisse des revenus), ou aux changements de la vie familiale.

La seconde conviction est qu'avec la forte augmentation de la CSG et la réduction continue du poids de l'impôt progressif notre imposition était devenue très éloignée des principes qui avaient fondé l'impôt progressif sur le revenu dans tous les pays développés à la charnière des XIXe et XXe siècles. C'est la justice fiscale qui justifie la progressivité de l'impôt et non la redistribution, même si celle-ci est la conséquence de la progressivité. Comme l'avaient déjà exprimé les philosophes des

Lumières, on ne peut pas taxer de la même façon le nécessaire et le superflu. La justice fiscale, c'est-à-dire l'égalité des sacrifices entre les citoyens, doit reposer sur des taux d'imposition marginaux qui augmentent avec le revenu.

Or notre imposition globale des revenus (IR et CSG/CRDS) est devenue profondément injuste. Alors que partout ailleurs l'impôt sur le revenu commence à un taux moyen très faible et augmente progressivement avec le revenu, le nôtre commence dès le premier euro à un taux moyen très élevé (le taux de la CSG de 9,7 %) supérieur au taux de l'impôt sur le revenu pour 90 % de nos concitoyens.

Ce sont ces convictions qui avaient conduit à la proposition d'une fusion de l'impôt sur le revenu et de la CSG pour reconstruire un impôt unique progressif, commençant à un taux raisonnable (1 % et non pas 9,7 %), prélevé à la source comme la CSG, et si possible débarrassé de la multiplicité des niches fiscales qui en mitent l'assiette et transforment le consentement citoyen à l'impôt en un jeu de piste pour l'évasion fiscale.

Dans le prolongement de l'amendement défendu avec Jean-Marc Ayrault, une autre voie a été explorée, consistant à rendre la CSG progressive pour redonner une progressivité complète à notre imposition des revenus, sans augmenter l'impôt d'aucun contribuable. Elle a l'avantage de la simplicité : elle peut être mise en œuvre rapidement puisqu'elle ne nécessite pas la fusion de l'IR et de la CSG pour retrouver la progressivité et elle préserve l'affectation de la CSG à la protection sociale et celle de l'IR à l'État. Mais elle a un inconvénient. Si elle redonne une cohérence et une progressivité complète à notre imposition des revenus, elle met de côté la question de l'articulation du revenu minimum avec les revenus d'activité, laissée à une prime d'activité qui n'est ni automatique ni cohérente avec l'imposition des revenus.

La réforme que je propose aujourd'hui en conclusion de cet ouvrage s'est nourrie des réflexions et des combats successifs de ces dernières années, mais aussi des approfondissements historiques développés dans cet ouvrage. À travers le long voyage dans l'histoire de l'impôt et de la protection sociale, j'espère avoir fait partager au lecteur la conviction qui est la mienne aujourd'hui : on ne peut pas séparer la question de l'impôt sur le revenu de celle du socle de la protection sociale.

Tout d'abord parce que, dans tous les pays développés, la protection sociale, née de l'activité professionnelle, est devenue de plus en plus universelle et financée par l'impôt. Cette évolution s'est traduite dans la plupart des pays par un financement des prestations sociales par l'impôt progressif sur le revenu. Elle a pris chez nous la forme d'un deuxième impôt, la CSG, affectée directement à ce financement. Et ce qui n'était à l'origine qu'un prélèvement marginal (1 % du revenu à sa création) a peu à peu dépassé l'impôt progressif sur le revenu pour en atteindre en 2018 presque le double (135 milliards de CSG-CRDS contre 75 milliards d'IR). Cela explique que la redistribution repose avant tout dans notre pays sur les prestations sociales plutôt que sur l'impôt sur le revenu.

La seconde raison a trait à l'évolution même de l'idée de justice sociale. Après la proclamation du consentement et de l'égalité des citoyens devant l'impôt inscrite dans la Déclaration des droits de l'homme et du citoyen, puis la progressivité de l'impôt à la charnière des XIXe et XXe siècles, est apparue dans les années 1970-1980 l'idée qu'une société développée ne pouvait pas accepter la pauvreté en son sein et que la meilleure façon de lutter contre cette pauvreté était la création d'un revenu minimum. La création du RMI a montré la pertinence d'un revenu minimum, car beaucoup de bénéficiaires du RMI n'avaient jamais accédé aux différents dispositifs d'aide qui existaient antérieurement.

Mais cette construction séparée d'un impôt sur le revenu pour la moitié la plus riche de population et d'un revenu minimum pour les plus modestes avait deux défauts : la pauvreté montrée du doigt que traduisait le terme de RMiste et le fait que ce revenu minimum n'était pas attribué automatiquement, alors même qu'un seul et même critère – le montant du revenu primaire – déterminait l'un ou l'autre. Pire, pour assurer la continuité entre le revenu minimum et les revenus tirés de l'activité, il fallut reconstruire une imposition des revenus à l'envers (la dégressivité du RSA et de la prime d'activité) avec une conception de la famille différente pour les riches (le quotient familial de l'IR) et pour les pauvres (celui du RSA).

La proposition de réforme fiscale par laquelle se conclut l'ouvrage est la fusion des dispositifs sociaux et fiscaux en un seul et même dispositif qui s'applique à tous les citoyens : un revenu universel intégré dans l'impôt sur le revenu prélevé à la source. Le résultat est un versement automatique (l'impôt négatif) ou un prélèvement automatique (l'impôt net du revenu universel) qui ne dépend que d'un seul critère : le revenu primaire.

Cette réforme corrige en outre l'injustice de notre imposition des revenus en réduisant fortement le niveau trop élevé du bas de barème de cette imposition globale, sans augmenter l'impôt de quiconque. Enfin la meilleure façon de lutter contre l'explosion des inégalités qui caractérise l'évolution mondiale des trente dernières années n'est pas d'augmenter le taux marginal supérieur de l'impôt sur le revenu, mais de rétablir une imposition progressive de l'ensemble du capital incluant les actifs financiers dont les revenus sont difficiles à évaluer et faciles à dissimuler. Et dans un contexte où la rentabilité du capital est durablement supérieure à la croissance, un tel impôt est indispensable pour éviter une concentration des richesses comparable à ce qu'elle fut avant la Première Guerre mondiale.

La réforme proposée pour l'impôt sur le revenu résout toutes les difficultés sur lesquelles ont buté aussi bien les tentatives de réforme de l'impôt sur le revenu que celles des minima sociaux des dernières décennies. Il n'y a plus de stigmatisation et plus de non-recours aux minima sociaux, car tout le monde perçoit le revenu universel et paie la CSG et le nouvel impôt sur le revenu dès le premier euro de revenu primaire gagné. Il n'est plus nécessaire de fusionner l'IR et la CSG, ni de rendre la CSG dégressive pour obtenir une progressivité globale de l'imposition des revenus : c'est l'intégration du revenu universel dans l'impôt qui rend l'ensemble progressif.

La question de l'individualisation ou de la conjugalisation de l'impôt et du revenu universel est laissée au choix du couple. S'il choisit la conjugalisation, celle-ci repose sur une seule et même conception de la famille : chaque adulte compte pour une part entière. Et si nous voulons aller plus loin, alors il faut rétablir l'universalité des allocations familiales et la prise en compte de chaque enfant, dans l'impôt et dans les allocations familiales, indépendamment du rang de l'enfant et du revenu des parents. Car la véritable équité est d'assurer à chaque enfant un niveau de vie convenable, ce qui est une autre forme de revenu universel attaché à l'enfant.

Cette réforme est le socle d'une profonde refondation de la protection sociale et de l'imposition des revenus. Elle renoue avec le principe fondateur énoncé dans la Déclaration des droits de l'homme et du citoyen : traiter tout citoyen de la même façon en tenant compte de ses facultés contributives.

Table

Du même auteur

Pour un impôt juste, prélevé à la source
(avec Jean-Marc Ayrault)
Fondation Jean-Jaurès, 2015

Taxer les transactions financières
Fondation Jean-Jaurès, 2011

Un impôt citoyen pour une société plus juste
Fondation Jean-Jaurès, 2010

Une fiscalité au service d'une croissance durable
Fondation Jean-Jaurès, 2010

La Société de l'information
(avec Nicolas Curien)
Conseil d'analyse économique, n° 47, La Documentation française, 2004

Introduction à l'analyse macroéconomique
Éditions de l'École polytechnique, Ellipses, 2004

Gouvernance Equity and Global Market
(dir., avec Joseph Stiglitz)
Oxford University Press, 2004

Théories du chômage
(avec Patrick Artus)
Economica, 1995

Le Chômage persistant en Europe
(dir.)
Presses de la Fondation nationale des sciences politiques, 1994

Croissance et cycles : théories contemporaines
Economica, 1993

International Trade Modelling
(dir., avec Marcel Dagenais)
Chapman & Hall, 1992

Investment and Factor Demand
(avec Patrick Artus)
North Holland, Elsevier, 1990

La Gauche face à la crise
(avec Alain Fonteneau)
Presses de la Fondation nationale des sciences politiques, 1985

Contemporary Macroeconomic Modelling
(dir., avec Pierre Malgrange)
Basil Blackwell, 1985

Théories et modèles de la macroéconomie
Economica, 1re édition, 1984, 4e édition, 1992

Dans la même série

Thomas Coutrot
Libérer le travail
Pourquoi la gauche s'en moque et pourquoi ça doit changer
2018

Gilles Raveaud
Économie : on n'a pas tout essayé !
2018

RÉALISATION : IGS-CP À L'ISLE-D'ESPAGNAC
IMPRESSION : CORLET IMPRIMEUR À CONDÉ-EN-NORMANDIE
DÉPÔT LÉGAL : OCTOBRE 2018. N° 139060 (199227)
Imprimé en France